了解伊斯蘭

（第二版）

奧斯曼・楊興本

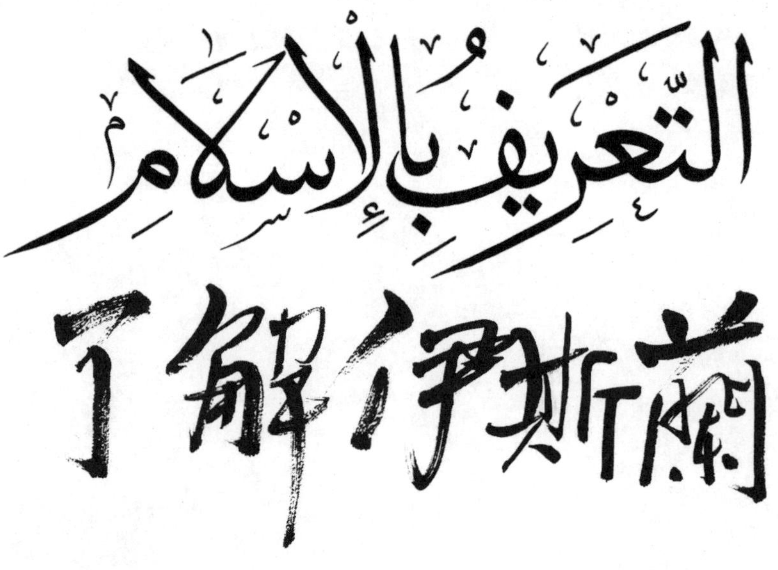

張承志題

奉普慈特慈安拉的尊名

推薦序一

奉至仁至慈的真主之名

全球大約有四分之一的人信仰伊斯蘭教。它已經成為數十億人的生活方式，歷時超過一千四百年，並且是全球歷史上最具影響力的文明之一，推動着帝國的興衰，激勵着科學探索和發現，並為無數社會、文化和藝術成就提供靈感。除了上述有據可查的事實外，伊斯蘭指引其追隨者的路，並與真主建立心靈聯繫。

穆斯林幾乎生活在世界的每一個角落，他們參與全球和地方社區事務，每天積極與其他穆斯林及非穆斯林互動。那麼，作為世界第二大信仰以及成長速度最快的宗教群體，為何大部份人對此了解甚少呢？因為人們漠視伊斯蘭教嗎？或許是。是否存在對伊斯蘭的誤解和反伊斯蘭情緒，導致歧視和錯誤信息？當然存在。然而，穆斯林也必須對全球公眾中流傳的有關伊斯蘭的準確和可靠信息的缺乏負責。歸根究底，這是他們的宗教。為了使世界真正了解穆斯林的信仰，他們有義務分享及教導他人。

楊興本教長認識到這一責任，並以這本極具價值的書籍響應了上述號召。在超過三十年的時間裡，楊教長一直是香港穆斯林社區的支柱，在此期間，他不僅關注自己會眾的宗教需求，還關心整個社會的需求。在此過程中，他經常參與社會政治事務，引導香港維持「亞洲國際城市」地位以及與內地的連結。香港已建立的穆斯林社群，體現了其在當前作為一個充滿活力的多元文化大都市的歷史地位。這是一個用世界上最廣泛使用的語言——中文講述和呈現伊斯蘭基本教義的最佳場所。

楊教長運用其對伊斯蘭傳統的淵博知識、多年來與多元背景人士溝通的經驗及人生之談，詮釋真主的慈憫與旨意，並闡述伊斯蘭教如何落實於穆斯林的生活當中。他樸實無華的表達方式，以一種易讀且令人愉悅的方式，傳遞了全球甚至普世重要的信息。他為數百萬中國讀者打開一扇門，讓他們了解人類龐大群體的核心信仰和實踐。這是屬於世界公民的基礎知識，很幸運可由備受敬佩的楊教長為華語世界解說。

傅健士教授
香港中文大學伊斯蘭文化研究中心主任、文化及宗教研究系副教授
二〇二四年三月十四日

推薦序二

弘揚和平精神　助力文明交流

三聯書店（香港）要再版楊興本教長的大作《了解伊斯蘭》，楊教長特意寄來樣書並囑我寫個序言。楊教長長期供職於香港伊斯蘭聯會，是伊斯蘭文化領域的資深專家，為他的著作寫序實在不敢當，不過捧讀楊教長的大作，不僅令人耳目一新，而且頗有感觸，因此很願意向廣大讀者推薦這部圖文並茂的佳作。

眾所周知，伊斯蘭教是具有世界性影響的三大一神宗教，因伊斯蘭教而興的伊斯蘭文明，更是世界重要的文明體系之一，博大精深，底蘊深厚，在眾多領域有過卓越建樹，在世界文明史上發揮過承前啟後、溝通東西的歷史作用，為促進人類文明的交流互鑒與發展進步做出過重要貢獻。要以簡短的文字篇幅，將歷史久遠、內容浩繁的伊斯蘭教和伊斯蘭文明及其要義精髓講清說明，的確是一件很有難度的事，然而，楊教長的這部《了解伊斯蘭》卻做到了這一點，由此足見楊教長在這一領域的豐厚學術積累和高深學術造詣。

簡潔明瞭、要言不煩是這本著作的一個特點，全書總體架構只有四章，依次為：伊斯蘭教的興起傳播及發展；伊斯蘭的教義、教法及功修；伊斯蘭的節日及紀念日；伊斯蘭文化。每章下面再細分若干節具體解說，條分縷析，並配有精美圖片，如此設計，真是以簡馭繁，匠心獨具。讀者諸君只要細讀下來，就不僅會對伊斯蘭教和伊斯蘭文化有了宏觀總體的認知，而且會明白不少其教義教規方面的細則和穆斯林的節慶習俗，了解伊斯蘭教在中國的傳播情況，增長不少歷史文化方面的知識。同時，在作者的授知解惑中還會受到思想的啟迪，引發對人生價值、人類命運、歷史興衰、文明交流等方面一系列問題的思考。在正文之後還有附錄部份，不僅介紹了伊斯蘭歷史上的一份重要文獻——《辭朝演說》，還特別介紹了香港穆斯林和伊斯蘭教的情況，並附有多幅香港各清真寺的精美圖片，令讀者身臨其境，倍感真切。概言之，儘管這部著作篇幅不長，然而卻跨越古今，融通中外，內容豐富，視野開闊，而且史論兼備，圖文並茂，在弘揚和平精神、促進文明交流方面具有重要的學術價值和現實意義，是不可多得的一部佳作。

當今世界，人類社會面臨諸多危機和挑戰，特別是霸權主義和強權政治依然盛行，由此導致不少國家和地區動盪戰亂此起彼伏、延宕難寧，各種形式的民粹主義和極端主義不斷滋生蔓延，一些政治勢力奉行叢林法則，鼓噪文明衝突，製造文明斷層線，廣泛散佈「伊斯蘭恐懼症」、「中國威脅論」等各種謬論。要有效應對挑戰和化解危機，國際社會就需要精誠團結，和衷共濟，秉持和而不同、和合共生的文明理念，持續開展文明交往互鑒。面對時代挑戰，中國提出了全球發展倡議、全球安全倡議和全球文明倡議，堅持以文明交流超越文明隔閡、以文明互鑒超越文明衝突、以文明共存超越文明優越，致力於通過與各國人民攜手共建「一帶一路」推動構建人類命運共同體。

阿拉伯伊斯蘭世界與中國有着相似、相同的歷史遭遇，是共建「一帶一路」的天然合作夥伴。中阿兩大文明擁有許多共同共通、相似相近的價值理念，兩大文明關於人類平等尊嚴、文明和衷共濟以及人與自然和諧共生等一系列價值理念和倫理思想高度契合，以和為貴、和而不同的文明理念使兩大文明始終保持交而互通、包容互鑒的良性交往。在世界百年未有之大變局下，中阿雙方的全面合作與文明交流正在不斷拓展和深化，正如中國領導人二〇二二年十二月在首屆中國－阿拉伯國家峰會開幕式上的主旨講話中指出的，我們要加強文明交流，共同反對「伊斯蘭恐懼症」，「從彼此古老文明中汲取智慧，共同弘揚『重和平、尚和諧、講信義、求真知』的文明真諦」，在「文明衝突」的鼓噪中守正不移，共同宣導文明對話，反對文明歧視，守護世界文明多樣性，攜手共鑄人類社會和合共處之道，為當今世界文明交往互鑒、美美與共奉獻東方智慧。

香港是世界多樣文明薈萃交流的智慧之城、文明之都。十多年前，我曾受邀在香港浸會大學訪學並講授伊斯蘭課程，還在香港大學和香港中文大學做過關於伊斯蘭文明的學術講座，青年學子們的好學求知精神和香港社會的包容和諧氛圍令人印象深刻，同時，也感受到相關領域知識供給的短缺和學術研究的不足。楊教長的這部著作正是在這方面所做的最好的彌補。據悉，二〇二〇年，香港教育局在全港中學增設了「伊斯蘭文明」必修課，楊教長的這部著作就被作為教學參考書。實際上，數十年來，楊教長一直潛心於相關領域的學術研究，同時積極致力於促進香港和內地以及國際間的人文交流，為促進相關領域學術研究以及國際宗教對話與民心相通貢獻良多。

值得提及的是，楊教長多年來為滬港宗教交流和民間交往也多有奉獻。二〇二三年十一月，上海市委統戰部主辦「海上論道」高峰論壇，推進宗教中國化研究和國際宗教對話與交流，楊教長是受邀在論壇開幕式發表賀詞的嘉賓之一。三聯書店（香港）再版楊教長這部著作，無疑是一件很有學術價值和現實意義的事，在此，我也期待學術界、知識界和出版界，能夠進一步加強對伊斯蘭文明的學術研究，不斷增加這一領域的知識供給，出版更多優秀的研究成果和知識讀物，為弘揚和平精神、助力文明交流做出更多貢獻。

丁俊
上海外國語大學中東研究所所長、教授、博士生導師
中國亞非學會副會長
上海市伊斯蘭教協會會長
二〇二四年四月五日於上海

知感安拉的慈憫，求安拉賜福聖人穆罕默德平安，以及追隨他的人們。

這本書的出版令我耳目一新，我是在它出版了三年之後，也就是二〇二三年底，才收到這本介紹伊斯蘭的大作；是由好友蕭博士從香港帶來面交，這主要是因為疫情持續，沒能及時將這本書帶給我，我當時就很感興趣地開始閱讀。

奧斯曼．楊興本教長，家學淵源，世代信奉伊斯蘭教，擔任香港愛群清真寺暨林士德伊斯蘭中心教長。我和楊教長交往多年，欣見他把推廣伊斯蘭文化的豐富經驗，撰寫成這一本書，可喜可賀。

這本書深入淺出，再輔佐以許多圖片，能幫助平時不容易接觸到伊斯蘭的朋友們可以很容易地閱讀與正確了解這個宗教信仰，以及它的文化與價值觀。

伊斯蘭教傳入中國已經有千餘年歷史，現代的伊斯蘭已經成為世界上發展迅速的宗教，據美國 Pew（皮尤）研究機構發佈的報告指出：伊斯蘭是發展最迅速的宗教。

透過這本書，我們還可以了解，在香港的伊斯蘭歷史與今後的發展，更可以了解到伊斯蘭的普世價值觀。

趙錫麟博士
台北清真寺教長

自序

奉普慈特慈安拉的尊名

一切讚頌榮耀全歸宇宙萬物的主宰安拉，祈求安拉賜福及平安予先知穆罕默德、他的眷屬、聖門弟子以及一切跟隨他的人！

伊斯蘭教是一個外來的宗教，在中國大陸舊稱回教。這個宗教其實已經在中華大地上生根發芽，枝繁葉茂，成為了組成中華文明的一部份。儘管內地有三千多萬穆斯林[1]，但和十四億人口相比，畢竟仍然是少數，對伊斯蘭教產生誤解從古至今都時有發生。而當今世界亦不例外，種族和宗教之間的衝突亦經常發生。這些紛爭究其原因大都源於對宗教文化的不了解。有鑒於此，向公眾宣傳不同文化實是當務之急。

伊斯蘭教認為，人類同宗同源，都是阿丹（亞當）*的子孫，人類是一個共同體，彼此之間，應當相互了解，相互認識，相互包容，相互尊重，相互關愛，共同建構和諧穩定的社會。就正如安拉在《古蘭經》中所說：

「眾人啊！我確已從一男一女創造你們，我使你們成為許多民族和宗族，以便你們互相認識。在真主看來，你們中最尊貴者，是你們中最敬畏者。真主確是全知的，確是徹知的。」《古蘭經》（第四十九章十三節）

本書的宗旨是向外界介紹伊斯蘭教，希望外界對伊斯蘭教有客觀的認識，不要被個別傳媒所誤導。其實，伊斯蘭已成為了世界上最被誤解的宗教。要撥開雲霧了解真正的伊斯蘭教，必須去研讀伊斯蘭教的經典《古蘭經》和聖訓。希望本書為有興趣了解伊斯蘭教的人士提供一個入門的階梯，同時，亦希望閱讀了這本書的人能夠消除對伊斯蘭教的誤解，為他們帶來對伊斯蘭教的正確認識。

本書能夠編輯出版面世，筆者首先應當感謝李安女士，她為推廣文化事業不遺餘力，令人敬佩。是她熱情誠懇邀請本人主講三聯書店主辦的「開方講堂」中「了解伊斯蘭」的公開講座。沒有李安女士的督促和傾力相助，本書是不可能付印的。其次應當感謝韓冬昇先生，是他不辭勞苦根據筆者的講義和錄音把文字整理出來，再經本人修訂和增

1 據二〇〇〇年全國人口普查報告，將十個信仰伊斯蘭教的民族人口匯總起來是兩千多萬，其他民族中也有信仰伊斯蘭教的，沒有統計在內，也沒有將港澳台的穆斯林人口統計在內。二十多年過去了，這個數字是估計出來的。

刪的。

伊斯蘭教是憑經典（《古蘭經》和聖訓）立教，因此本書的內容盡可能引用經訓為依據，而《古蘭經》的譯文則以馬堅先生的翻譯版本為準，唯經文中「真主」的代名詞會改為「祢」或「祂」，以讓讀者更容易明白經文的意思。另外，按照伊斯蘭的禮節，當提到先知和天使的名字時，聽到的人會說：祈求真主賜予他平安！在書寫時也會寫上這句祈禱文，為了行文方便，本書將以*符號代替。

本書雖幾經修改，本人還是不太滿意。因為有些題目實在太大，涉及的內容太多、太廣，實在無法面面俱到，很可能會掛一漏萬，再加上本人才疏學淺，錯誤難免，望海內外同仁不吝賜教批評指正。

奧斯曼·楊興本

目錄

第一章

伊斯蘭教的興起傳播及發展

穆斯林人口分佈

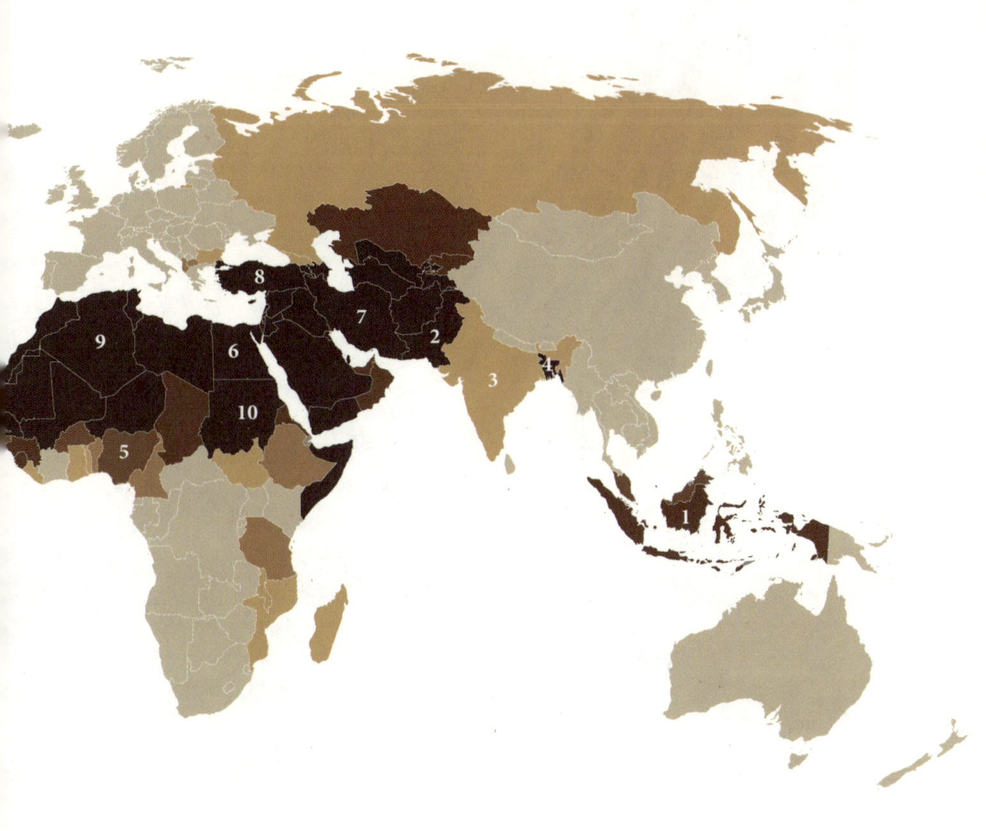

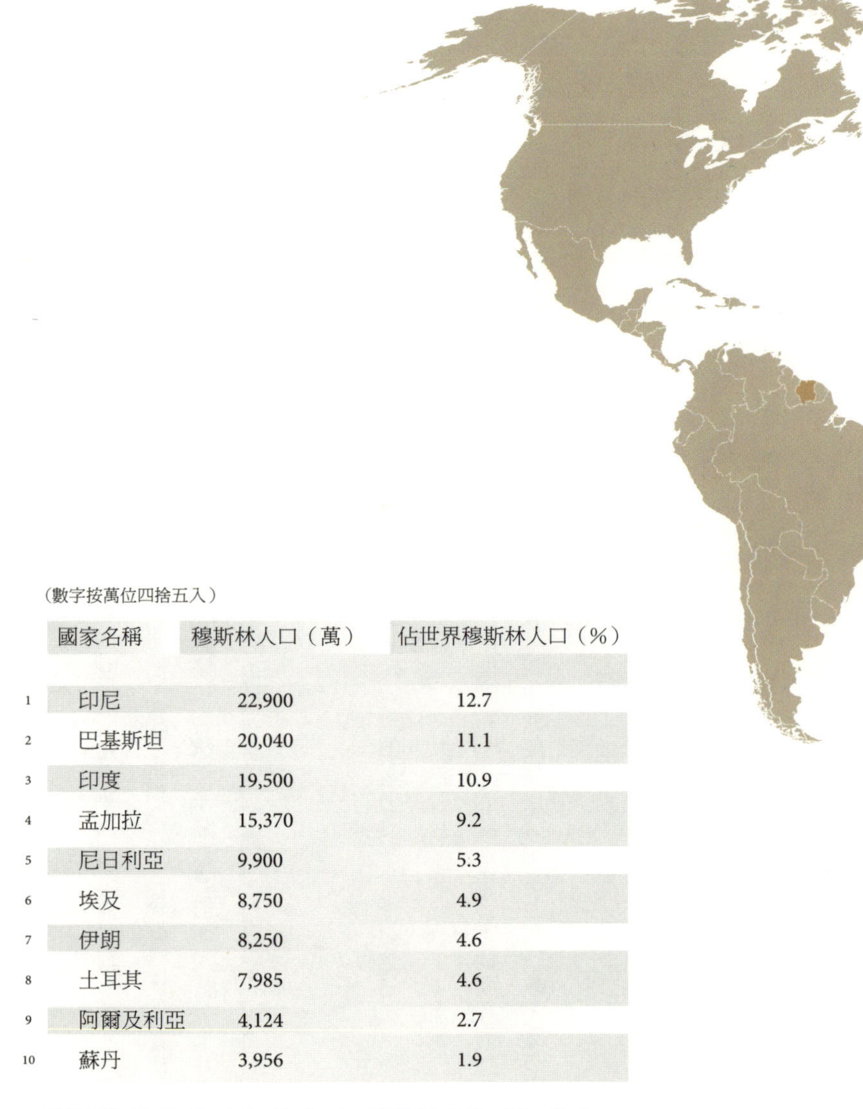

（數字按萬位四捨五入）

	國家名稱	穆斯林人口（萬）	佔世界穆斯林人口（%）
1	印尼	22,900	12.7
2	巴基斯坦	20,040	11.1
3	印度	19,500	10.9
4	孟加拉	15,370	9.2
5	尼日利亞	9,900	5.3
6	埃及	8,750	4.9
7	伊朗	8,250	4.6
8	土耳其	7,985	4.6
9	阿爾及利亞	4,124	2.7
10	蘇丹	3,956	1.9

資料來源：Muslim Population By Country 2020, World Population Review

伊斯蘭教、佛教、基督教（包括天主教）被譽為世界三大宗教。相比猶太教，甚至是基督教，伊斯蘭教其實相對年輕，它的興起比這些宗教晚了很多年。根據美國皮尤研究中心（皮尤研究中心）發表有關二〇一五年的數據，全球伊斯蘭教的信徒大約有十八億（佔世界人口百分之二十四），略少於有二十二億信徒的基督教（佔世界人口百分之三十一）。

一直以來，在媒體的渲染之下，很多人對伊斯蘭教的印象未必太好。特別是在九一一事件後，全世界都十分關注伊斯蘭教。不幸地，在二〇一九年三月，釀成五十一人死亡的紐西蘭基督城清真寺槍擊事件，亦離不開與伊斯蘭教有關。因此，免不了負面評價總是多於正面評價。有人藉此醜化和抹黑伊斯蘭教，稱伊斯蘭教是宣揚暴力的宗教，甚至把穆斯林等同恐怖分子。

儘管有人如此評價伊斯蘭教，但全球伊斯蘭教信眾數量仍十分龐大，伊斯蘭合作組織亦有五十七個成員國，這些國家的居民大多是穆斯林。實際上伊斯蘭教亦與猶太教和基督教有關，我們都相信有造物主創造世界。阿丹（亞當）*和哈娃（夏娃）是人類的祖先，而努哈（挪亞）*、易卜拉欣（亞伯拉罕）*、穆薩（摩西）*、爾撒（耶穌）*，全都是造物主派來的先知，而穆罕默德✶則是最後一位先知。穆罕默德✶傳的並不是一個新的宗教，他傳的是與這些先知一樣的信仰，都是召喚人相信造物主，順從造物主和崇拜造物主，以及命人行善，止人作惡。

「祂已為你們制定正教，就是祂所命令努哈的，祂所啟示你的，祂命令易卜拉欣，穆薩和爾撒的宗教。你們應當謹守正教，不要為正教而分門別戶。以物配主[1]的人們，以為祢所教導他們的事是難堪的。真主將祂所意欲者招致於正教，將歸依祂者引導於真理。」《古蘭經》（第四十二章十三節）

曾經不少人對我說，他們對伊斯蘭教的了解很少。有一次，灣仔警署的警員到清真寺參觀，他們要我用五分鐘介紹伊斯蘭教。我說：「不用五分鐘，用兩分鐘就可以了。就是相信造物主，崇拜造物主和做善事，非常簡單。」正如當年有人問穆罕默德✶甚麼是伊斯蘭？他回答道：「伊斯蘭就是：你作證萬物非主，唯有安拉，穆罕默德✶是安拉的使

1 「以物配主」是伊斯蘭的用語。由於伊斯蘭教絕對崇拜獨一的真主（安拉），因此用任何事物或人等同於真主都是違反信仰的極大罪過。換句話說，「以物配主」就是拜偶像、拜多神及其他被造物等；「以物配主」者就是多神教徒。

者；禮拜；在賴買丹月守齋；完納天課；有能力者朝覲天房（一生一次）。」就這麼簡單。當然，要了解真正的伊斯蘭教，就不能單純視它只是某一種宗教。所謂單純地看宗教，即只是誦經、祈禱和崇拜，但伊斯蘭教並不只這些，它是一套社會制度，是一種完整的生活方式，是生活的方方面面都與信仰息息相關。也就是說，伊斯蘭是生活，生活是伊斯蘭。

甚麼是伊斯蘭？

「伊斯蘭」是阿拉伯文的音譯，從字面解讀「伊斯蘭」這三個字，是「和平、安寧、平安」的意思。「Salam」是「和平、平安」的意思。按照阿拉伯文的語法，增加了字母便增加了意思，「Salam」加多一個阿拉伯文字母「Alif」就變成了「Islam」，即在原意上增加了「服從、順從」的意思。也就是說，通過順從造物主而達致和平。伊斯蘭是宗教的名稱，穆斯林是信奉伊斯蘭教的人，意即順從造物主的人。穆斯林是追求和平的人，是追求兩世幸福的人。

伊斯蘭所指的和平包括三個方面的涵義：

一、人通過順從真主的命令，遠離真主的禁止，而達到人與真主之間的和平。

二、人與人之間的和平。人類都是阿丹（亞當）*的子孫，不論膚色、語言、種族的不同，每個人在真主面前都是平等的，而且應該和平共處，共同在一個大家庭生活。

三、人與其他被造物（大自然）的和平。大自然是真主創造的，是供人開發利用的，人是真主在大地上的「代理者」。人應該順從真主制定的自然法則和規律，並與大自然和諧相處。

要再進一步認識「伊斯蘭」的真正涵義，就是宇宙萬物都是造物主創造出來的，都順從造物主的安排，都是穆斯林。人的生老病死，日出東方，日落西方，四季的輪流，天體的運行，天地間的一切都按照造物主制定的規則運行。這是廣義的伊斯蘭。

「難道他們要捨真主的宗教而尋求別的宗教嗎？同時天地萬物，不論自願與否，都

歸順祂，他們將來只被召歸於祂。」《古蘭經》（第三章八十三節）

從人的角度講，就是造物主創造人，賜給人可以自由選擇的意志。信不信造物主是人的自由選擇。

「你說：『真理是從你們的主降示的，誰願信道就讓他信吧，誰不願信道，就讓他不信吧。』我已為不義的人，預備了烈火，那烈火的煙幕將籠罩他們。如果他們（為乾渴而）求救，就以一種水供他們解渴，那種水像瀝青那樣燒灼人面，那飲料真糟糕！那歸宿真惡劣！」《古蘭經》（第十八章二十九節）

若你相信造物主，則成為一個穆斯林；若不相信，你就不是穆斯林。穆斯林就是要信奉造物主，並要接受由造物主啟示予穆罕默德*的全部律法、教義和教規。伊斯蘭是真主的宗教，而真主亦不接受其他宗教。

「真主所喜悅的宗教，確是伊斯蘭教。」《古蘭經》（第三章十九節）

「捨伊斯蘭教而尋求別的宗教的人，他所尋求的宗教，絕不被接受，他在後世，是虧折的。」《古蘭經》（第三章八十五節）

回到剛才我曾提及的，伊斯蘭並非穆罕默德*所創，亦因此「伊斯蘭」這名稱並不是由穆罕默德*命名的，亦不是任何人命名的，而是由造物主命名的。《古蘭經》有以下記載：

「今天，我（真主）已為你們成全你們的宗教。我已完成我所賜你們的恩典，我已選擇伊斯蘭做你們的宗教。」《古蘭經》（第五章三節）

伊斯蘭教興起前的阿拉伯半島

首先，我先說明為何要用「興起」這個詞？坊間一般的說法是，穆罕默德*創立了伊斯蘭教，這個說法是錯誤的，正確的說法應該是，伊斯蘭教是由穆罕默德*復興的。

直屬關係

隔代子孫

年代	人物	說明
???-???	阿丹(亞當)	三教都相信造物主創造了先知阿丹＊，亦相信他是人類的祖先
1861-1686BC	易卜拉欣(亞伯拉罕)	三教都承認易卜拉欣*是先知，亦信奉他信奉的造物主
1781-1638 BC	伊斯馬儀(以實瑪利) 長子	
1761-1581 BC	易斯哈格(以撒) 次子	
1436-1316 BC	穆薩(摩西)	三教都承認穆薩*是先知
1-33 AD	爾撒(耶穌)	只有基督教和伊斯蘭教承認爾撒*是先知
570-632AD	穆罕默德	只有伊斯蘭教承認穆罕默德*是先知

伊斯蘭教在阿拉伯半島興起之前，猶太教和基督教已經在此地存在，而耶路撒冷更被譽為伊斯蘭教、基督教和猶太教這三大宗教的聖地。

阿拉伯半島位於亞洲西南部，總面積約有三百萬平方公里。當地大多是沙漠和荒漠，氣候乾燥炎熱，因此土地貧瘠，只有少數耕地散落在沿海低地和綠洲之中。

當時的阿拉伯半島並沒有形成統一的國家，像是一盤散沙。部落之間戰爭不斷，社會動盪不寧，當時的人亦很野蠻和愚昧，社會環境道德淪喪，社會風氣相當惡劣，酗酒、賭博和高利貸等隨處可見，而以重男輕女的現象最嚴重。有些家庭生了女嬰，甚至把她活埋，這是非常嚴重的野蠻行徑。

當時多神崇拜的現象十分盛行，每個部落都有各自崇拜的偶像，甚至家族內亦有專屬崇拜的偶像。如位於沙特阿拉伯麥加的天房克爾白，即現在全世界穆斯林祈禱和做禮拜時所朝向的位置，當時就有三百六十個偶像在裡面。

雖然當時崇正的「一神教」已經存在，但還是有很多人走向了多神崇拜。這些一神教分別是基督教和猶太教，他們都信奉易卜拉欣（亞伯拉罕）*所信奉的信仰（Abraham's Faith），即相信造物主。

值得一提的是，易卜拉欣（亞伯拉罕）*有兩個兒子，長子是伊斯馬儀（以實瑪利）*，後來成為了阿拉伯人的祖先，而次子易斯哈格（以撒）*則成為了猶太人的祖先。所以說，猶太人和阿拉伯人都視易卜拉欣*為聖祖，因此人類都是同根同源，都是阿丹（亞當）*和哈娃（夏娃）的子孫，生活在同一個地球大家庭內。

伊斯蘭教的興起

伊斯蘭的興起與穆罕默德*有非常直接的關係。如果沒有他，就沒有現在的伊斯蘭教。穆罕默德*在西元五七〇年麥加城降世，換言之，他比爾薩（耶穌）*年輕五百七十歲。在這五百七十年之間，造物主沒有派遣先知，因此社會動盪不安，多神崇拜盛行。

穆罕默德*的童年坎坷，出生前，父親阿布杜拉從沙姆地區（即現今的敘利亞）經商返回麥加的途中病逝，他六歲時母親亦逝世了。穆罕默德✶從此成為了孤兒，由爺爺阿卜杜勒·穆塔里布負責撫養。好景不常，八歲時，他的祖父亦去世了，穆罕默德✶便由伯父艾布·塔里布撫養。

與現時的阿拉伯人一樣，當時阿拉伯人亦沒有刻意限制生育，因此子女數目較多，而艾布·塔里布的家庭亦不例外。巨大的家庭經濟壓力令穆罕默德✶十多歲便開始打工，一開始是牧羊，約十二歲就為商人牽駱駝。因此，他一直都沒有機會讀書，只是一個文盲。

穆罕默德✶成年後，他幫麥加一位富有的寡婦海迪徹打工。當時，他已經被眾人認為是正直和誠實可靠的人。海迪徹亦很欣賞穆罕默德✶的才能，所以便向他求婚，穆罕默德✶答應了她。結婚時，他才二十五歲，而海迪徹已經四十歲了。婚後夫妻相親相愛，從此大大改善了穆罕默德✶的生活環境。

在他三十五歲的時候，穆罕默德✶尚未成為先知，只是一個普通人，但他已經顯露了卓越的智慧。在麥加克爾白內的東南角有一塊黑色的石頭（Black Stone），被當時的人視

克爾白（al-Ka'bah）是阿拉伯語的音譯，本意是立方體的建築，這裡專指「真主的房子」，中文也譯為「天房」。這是全世界穆斯林做禮拜的朝向。「為世人而創設的最古老的房子（意思是崇拜真主的房子），確是在麥加的那所吉祥的克爾白，全世界的嚮導。其中有許多明證，如易卜拉欣的立足之處。凡入其中的人都得安寧。」（《古蘭經》第三章九十六至九十七節）

為神聖之物。當修復克爾白時，這塊黑石頭需要被暫時遷走。當修復完畢，各部落的首領和家族代表紛紛爭相要把黑石放回原位，各方都僵持不下。最後有位老人提出一個建議，就是下一個從門外進來的人，便可以把黑石放回原位。所有人都同意了。話音剛落，隨即進來的人就是穆罕默德*。老人便向他解釋事情的始末，穆罕默德*意識到各部落和家族都希望完成這件光榮的事，於是他便把自己的衣服脫下來，把黑石放在衣服中間，然後讓各部落的代表共同拉起衣服，一起將黑石放回原位。眾人都很滿意這安排，亦十分佩服他的智慧。

一直以來，穆罕默德*見麥加城多神崇拜風氣盛行，而且社會風氣敗壞，所以經常思考人生的道理，亦常常到麥加郊區的光明山上的希拉山洞中沉思苦想。西元六一〇年（伊斯蘭曆的九月，亦即是穆斯林的齋戒月），年值四十歲的穆罕默德*突然在山洞中聽到一把聲音，說道：「你宣讀吧！」目不識丁的他不知道要讀甚麼，便說：「我不知怎樣讀。」天使再三叫他誦讀，並說：

「你應當奉你的創造主的名義而宣讀，祂曾用血塊創造人。你應當宣讀，你的主是最尊嚴的，祂曾教人用筆寫字，祂曾教人知道自己所不知道的東西。」《古蘭經》（第

九十六章一至五節）

穆罕默德*感到十分害怕，他回到家中便與妻子海迪徹談起這件事。其實這聲音是來自專門負責傳達造物主啟示的吉卜利勒大天使（加百利大天使）*。這一晚是重要的夜晚，後來被稱為尊貴之夜。（詳見尊貴之夜，頁一二一）這一晚是《古蘭經》降示的開始，亦是穆罕默德*傳教的開始，兩者的關係密不可分。同時由此可知，《古蘭經》並不是一次性以一本經書的形式就把所有經文降示給他，而是歷時二十三年零零星星降示下來，直至穆罕默德*去世前。

穆罕默德*所宣傳的宗教並不是一個新的宗教，而是和所有先知傳達的宗教一樣，都是遵守崇正的易卜拉欣（阿伯拉罕）*所傳的正教，即相信宇宙萬物的造物主。眾先知傳達的核心都是：號召人們崇拜宇宙萬物的主宰——真主，除真主外，絕無應受崇拜的；崇拜多神者必受火獄的懲罰，只有信真主獨一的人才得入天園。「穆斯林」這三個字的意思，就是順從造物主的人。換句話說，除了先知易卜拉欣*順從造物主，是穆斯林外，其他先知穆薩（摩西）*、爾薩（耶穌）*等都是穆斯林。因此，伊斯蘭教是眾先知的宗教，第一位先知是阿丹（亞當）*，最後一位先知是穆罕默德*。

光明山上的希拉山洞

麥加時期（西元六一〇至六二二年）

穆罕默德*四十歲時在光明山的希拉山洞第一次接到真主的啟示後，他便開始着手傳教工作。一開始，他只能非公開地秘密傳教，歷時三年，當時入教者寥寥無幾。最早入教的是妻子海迪徹，接着是他的親朋好友，例如好友阿布·伯克爾和堂弟阿里相繼加入。之後，穆罕默德*接到真主的啟示，命令他應該向麥加的人公開傳教，不可以再繼續私下傳教。

「你（穆罕默德*）應當公開宣佈你所奉的命令，而且避開以物配主者。」《古蘭經》（第十五章九十四節）

穆罕默德*開始公開傳教時，受到麥加城的貴族和部落首領的極力反對，他們反對穆罕默德*所傳的一神宗教。他們曾用高價利誘他放棄傳教，但穆罕默德*有着堅定的決心，並說了一段有名的話：「我憑真主發誓，如果他們把太陽放在我的右手上，把月亮放在我的左手上，要我放棄（宣教的）使命，我絕不會接受這個要求，我堅決要宣傳下去。」

因為穆罕默德*認為傳教不是他個人的事情，而是造物主的命令。他認為他自己只是一個文盲，要不是造物主賜予他意志和力量，他是根本無法傳教的。

穆罕默德*在麥加傳教的過程非常艱難，反對派的迫害變本加厲。信徒的生命曾經受到巨大的威脅，他們為了擺脫迫害，受穆罕默德*指示，曾先後遷徙至塔伊夫和阿比西尼亞（即現時埃塞俄比亞），隨後再回到麥加。

西元六一九年，穆罕默德*的妻子和叔叔相繼去世了，穆罕默德*在這段時間感到十分痛苦，這年亦被稱為「悲傷之年」。加上反對他的人愈來愈多，令他承受很大的精神壓力。直至在六二一年七月二十七日夜晚，發生了一件奇蹟，從而更加堅定了穆罕默德*的信心。（詳見穆罕默德*夜行與登霄，頁一二二）

隨着穆罕默德*的影響力日漸增加，貴族甚至密謀殺害他。幸好，他的堂弟阿里非常勇敢，他睡在穆罕默德*的床上，裝扮成穆罕默德*，讓他和他的好友阿布·伯克爾順利離開麥加。但隨後，追殺的人一路追至騷爾山頂，穆罕默德*和阿布·伯克爾便躲藏在一個山洞之中。阿布·伯克爾擔心被追兵看見，穆罕默德*便對他說：

「『不要憂愁，真主確是和我們在一起的。』」《古蘭經》（第九章四十節）

當追兵到達山洞口時，因為真主保護着穆罕默德*，追兵在山洞口看到有蜘蛛在織網，又有鴿子在築巢，因此斷定穆罕默德*不可能躲在這個山洞裡面，便離開了。

穆罕默德*在西元六二二年九月九日起程離開麥加，至六二二年九月二十四日抵達葉斯里布。他們一到埗，已經深受當地人及先遣穆斯林的歡迎。這就是伊斯蘭教史上著名的遷徙，被稱為希吉來（Hijra）。後來這一年被定為伊斯蘭紀元元年，而穆罕默德*亦把葉斯里布改名為麥地那．奈比，意即「先知的城市」。

從西元六一〇年開始至六二二年，穆罕默德*在麥加傳教共十三年，他傳的教義主要是：除了造物主真主之外，沒有任何值得崇拜的。不是我自己要做甚麼，是真主派我來，是真主的使者，我是奉真主之命來向世人報喜訊及傳警告。

「我只派遣你為全人類的報喜者和警告者。」《古蘭經》（第三十四章二十八節）

「我派遣你，只為憐憫全世界的人。」《古蘭經》（第二十一章一百零七節）

麥地那時期（西元六二二至六三二年）

到了麥地那，穆罕默德*先在郊區庫巴建了第一座清真寺，庫巴清真寺，住了幾天後，才進城，並在城內建第二座清真寺。但是每個人都希望清真寺能建在自己的土地上，穆罕默德*便決定把選擇的任務交給一峰駱駝，駱駝停下來俯臥的地方，便是建立清真寺的地方。最終，駱駝便選了現時先知寺所在之地。

穆罕默德*在麥加的十三年間，他和其他穆斯林一直是受害者，從來都沒有反抗，直到他們來到麥地那之後，才開始被允許抵抗。

「被進攻者，已獲得反抗的許可，因為他們是受壓迫的。真主對於援助他們，確是全能的。」《古蘭經》（第二十二章三十九節）

自從這節經文降示後，穆斯林才開始行使自衛及反抗的權力。

麥地那時期已有很多人歸信了伊斯蘭教，同時亦有多個宗教在當地存在，特別是猶太教。當時，穆罕默德＊並不強迫他人改信伊斯蘭教，人們可以自由選擇自己的信仰。他甚至與其他宗教訂立協議，當有外敵入侵麥地那，各宗教應當一起團結抵抗外侵，共同捍衛麥地那的安全。

穆罕默德＊在麥地那的傳教十分順利，很快便建立了穆斯林社群，並服從真主的啟示組建了軍隊。有些人誤以為穆罕默德＊的傳教方式是「一手持經，一手持劍」，以武力傳教，但以下經文已經說明，這些武裝只為了保衛自己，反抗壓迫，消除迫害，並不是以暴易暴。（詳見吉哈德，頁一〇一）

「你們當為主道而抵抗進攻你們的人，你們不要過份，因為真主必定不喜愛過份者。」《古蘭經》（第二章一百九十節）

況且，一共一百一十四章的《古蘭經》在當時尚未完成，《古蘭經》是在穆罕默德＊去世後收集彙編而成的。所以，穆罕默德＊根本不可能有一本經書在手上。

西元六三〇年，穆罕默德*率一萬人馬光復麥加城，全城的居民歸順伊斯蘭教，搗毀了克爾白內所有的偶像。當時他一面清除偶像，一面高呼：

「真理已來臨了，虛妄已消滅了；虛妄確是易滅的。」《古蘭經》（第十七章八十一節）

穆罕默德*並沒有報復當年曾經迫害他的人，並對他們說：「你們自由了！」後來，他們都加入了伊斯蘭教。

另外，當時穆罕默德*曾致信予波斯國王、阿比西尼亞國王、東羅馬拜占庭皇帝，游說他們信奉伊斯蘭教。內容如下：

「致羅馬（拜占庭）皇帝希拉克略的信：

奉普慈特慈安拉的尊名

穆罕默德．本．阿布杜拉，真主的使者致函希拉克略陛下：

祈求真主賜平安予遵循正道者，我真誠以伊斯蘭的真理邀請閣下，信奉伊斯蘭，得安寧。真主賜閣下雙倍報酬。若不接受，則閣下要承擔臣民的罪責。

信奉天經的人啊！你們來吧，讓我們共同遵守一種雙方認為公平的信條：我們大家只崇拜真主，不以任何物配祂，除真主外，不以同類為主宰。如果他們背棄這種信條，那末，你們說：『請你們作證我們是歸順的人。』」

穆罕默德*在信中強調要崇拜唯一的造物主，不要拜其他人為的神。所有人都是真主的僕人，應當歸順造物主。信中並沒有提及要用武力或其他的手段強迫他們信奉伊斯蘭教。而在《古蘭經》中也有明確的經文記載：

「對於宗教，絕無強迫；因為正邪確已分明了。誰不信惡魔而信真主，誰確已把握住堅實的、絕不斷折的把柄。真主是全聰的，是全知的。」《古蘭經》（第二章二百五十六節）

「如果你的主意欲，大地上所有的人，必定都信道了。難道你要強迫眾人都做信士嗎？」《古蘭經》（第十章九十九節）

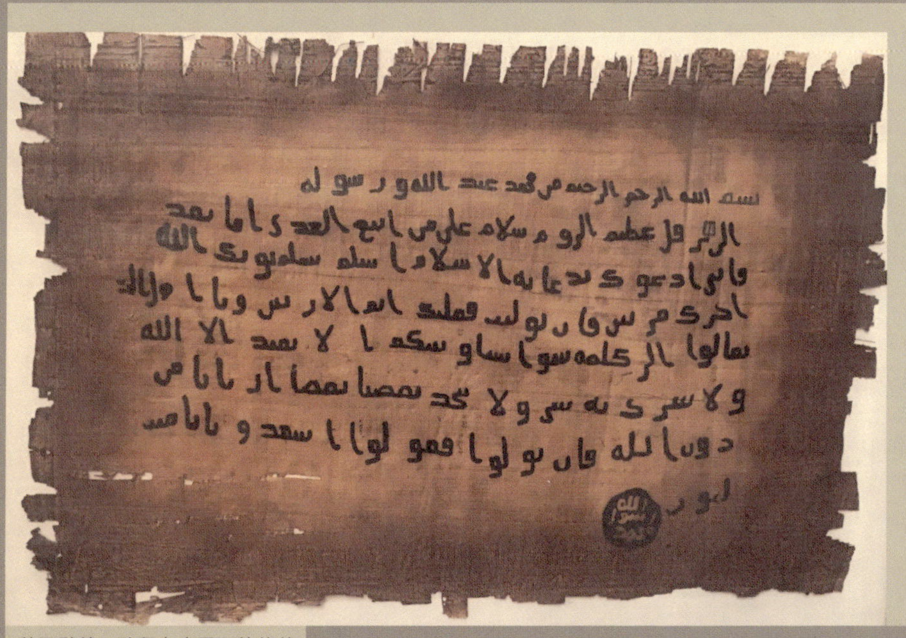

穆罕默德＊致拜占庭國王的信件

伊斯蘭教主張宗教信仰自由，強迫不能使人心服口服。信仰是一個人內心的事情，是無法用強迫的手段達到的。

西元六三二年六月八日，穆罕默德*在麥地那歸真，享年六十三歲。在他歸真前，伊斯蘭教已建立了一套完整的教義教規和社會制度，很多部落都歸信了伊斯蘭教，而麥地那的居民則幾乎全部歸信了伊斯蘭教，阿拉伯半島在伊斯蘭的旗幟下成為了一個團結的整體。他已經在麥地那建立了穆斯林群體烏瑪，憲法就是《古蘭經》，亦是第一個政教合一的伊斯蘭國家。這個伊斯蘭國家的首都就在麥地那，而麥加則成為了宗教的中心。

美國物理學家、普林斯頓大學天文學博士邁克爾·哈特（Michael Hart）所著《影響人類歷史進程的一百位名人排行榜》（*The 100: A Ranking of the Most Influential Persons in History*），他把穆罕默德*排在了第一位，他說：「在所列出世上最具影響力的人物之中，我選擇了穆罕默德*居首。這個做法，有些讀者可能感到詫異，有些讀者甚至會提出質問，但不論在宗教或世俗的層面上，他實在是歷史上唯一最成功的人物。」

四大哈里發時期（西元六三二至六六一年）

穆罕默德*歸真前並沒有指定繼承人，但真主曾教導：

「他們的事務，是由協商而決定的，他們分捨我所賜予他們的。」《古蘭經》（第四十二章三十八節）

所以，大家便以協商的形式決定繼承人。最後，大家推舉德高望重的阿布·伯克爾[2]為接班人，成為第一任哈里發。「哈里發」的意思是代理者，《古蘭經》中亦曾提及這詞。造物主創造阿丹（亞當）*的時候，曾說：「我要在大地上創造一個哈里發（代理者）。」當時，這個代理者便是阿丹*，代替造物主治理世界。之後，穆斯林便用「哈里發」來稱呼穆斯林的長官。

阿布·伯克爾繼任後，由於背記《古蘭經》的人相繼去世，部份穆罕默德*的弟子便提議，當務之急應趕快收集《古蘭經》，到第三任哈里發奧斯曼的時期完成了。現在全世界都統一使用這個定本。

2 阿布·伯克爾是穆罕默德*的岳父。穆罕默德*在第一任妻子海迪徹去世後，娶了阿布·伯克爾的女兒阿伊莎。

阿布·伯克爾成為第一任哈里發之後，順序分別是歐麥爾、奧斯曼以及阿里繼任哈里發，他們被尊稱為四大哈里發，亦被稱為正統的哈里發，因為他們四位都是經推選產生的。

至於如何推選哈里發，如何效忠哈里發，則出現過分歧，這亦導致了後來形成的兩大派系——遜尼派和什葉派。雖然兩派都信同一個造物主，同樣向着克爾白祈禱禮拜，同樣信奉《古蘭經》，同樣相信穆罕默德*是真主的差使。但遜尼派是以推選的形式決定哈里發，而什葉派並不認同這做法，他們認為繼承穆罕默德*的人應當是他的家族成員，也就是世襲。按照什葉派的說法，穆罕默德*在世時，已經暗示了阿里[3]作為繼承人，但遜尼派不接受這個說法。所以，即使四大哈里發的首三位（阿布·伯克爾、歐麥爾和奧斯曼）都是被推選出來的，什葉派都不承認他們的合法地位。他們認為，第一位作為繼承人的哈里發，應該是穆罕默德*的堂弟阿里，接着便是阿里的兒子，繼而是阿里的孫子。後來，遜尼派成為了眾多派系之中最大的派別，而什葉派只屬於少數。現

3 阿里是穆罕默德*的堂弟及女婿。穆罕默德*還在秘密傳教期間，他是其中一位首批入教的人。

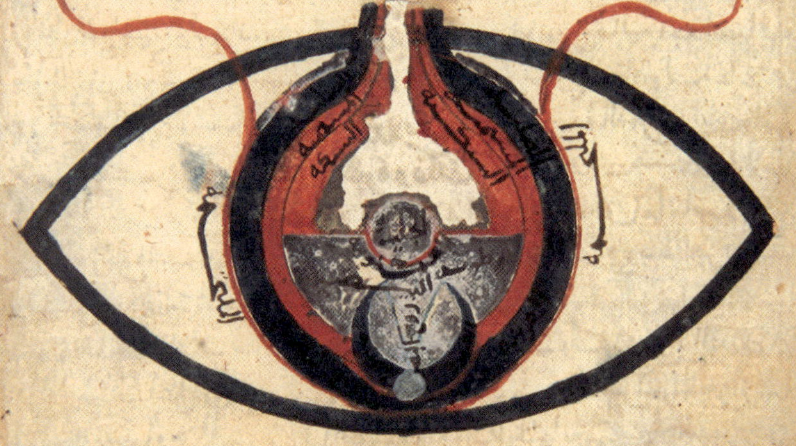

眼睛構造的手稿，約西元 1200 年。

在，只有伊朗是全世界唯一一個什葉派國家。

在四大哈里發時期，伊斯蘭教在鞏固和穩定阿拉伯半島統一的基礎上，繼續向半島以外的地區傳播伊斯蘭教。自西元六六一年起，進入了伍麥亞王朝時期（西元六六一至七五〇年）、阿拔斯王朝時期（西元七五〇至一二五八年）。這兩個時期的王朝都致力向外傳播伊斯蘭教，與此同時，他們都重視科技發展，促進學術文化活動，廣泛吸收外來文化，包括各征服地區民族文化的精華，又吸收了希臘和印度文化的許多成份。這時期的穆斯林在醫學、數學、天文學、光學、化學、地理學等領域都取得了輝煌的成就，亦是伊斯蘭教發展鼎盛的時期，被稱為黃金時代。伊斯蘭教在當時亦已經橫跨亞、非、歐三大洲。

西元一二五八年，阿拔斯王朝解體，鄂圖曼（又譯奧斯曼）土耳其人隨後在中亞細亞興起，並於西元一二九九年正式建立了鄂圖曼帝國（西元一二九九至一九二二年）。這時期的伊斯蘭教繼續向世界各地傳播，直至現代因為穆斯林移民、留學、輸出勞工和商業貿易往來等，在西歐及北美地區也取得了發展，形成了目前伊斯蘭世界的格局。

伊斯蘭教傳入中國的時間，史學界基本上都認為是唐朝，並以唐永徽二年（西元六五一年，亦即第三任哈里發奧斯曼在位的時期）作為伊斯蘭傳入中國的標誌。以下引文記載了阿拉伯國家派遣使節到唐朝首都長安（今西安）的情形：

永徽二年八月乙丑，大食國始遣使朝貢。《舊唐書．高宗本紀》

永徽二年，始遣使朝貢。其王姓大食氏，名㗰密莫末膩，自云有國已三十四年，歷三主矣。《舊唐書．大食傳》

當時唐朝稱阿拉伯國家為「大食國」。他們也以為伊斯蘭教是一套社會制度，一種法律，而不是宗教，所以亦有人稱其為「大食法」。「大食」有人說是來自波斯語的讀音Tazik，意指商人。但是這可能性不大，因為從阿拉伯國家派來的使節並不是從波斯來的。專門研究中國回教歷史的張兆理博士認為，「大食」這讀音有可能來自麥加旁邊一個很富有的城市，塔伊夫（Taif）。而「食」一字在古代加一個圓點在上邊，即是「˚食」，讀音便是「伊」，便近似「if」了。我個人認為，這可能是阿拉伯文 Tazhir，這字是指商人的意思。直至宋朝，伊斯蘭教才被稱為回教（或回回教）。

在香港，有些人認為伊斯蘭教與回教不同，並非同一個宗教。這種看法不正確，其實兩者是同一個宗教。但為甚麼會出現「回教」這個名稱呢？究其原因，這與伊斯蘭教傳入中國的過程有關。當時新疆有一個少數民族，名為回紇族。因為回紇族信奉了伊斯蘭教，所以當伊斯蘭教開始傳入中原地區時，中原的人認為伊斯蘭教是回紇族信奉的宗教，故將其稱為回教。有學者認為「回回」一詞是回紇或回鶻的發音的轉變。關於「回教」這名稱的由來，張兆理博士提出另一個解釋，他指出，回代表「回歸」，有回歸真主之意，所以亦被稱為「回回教」。還有一種說法則是，「回」由兩個「口」組成，表示「做人心與口要一致，不要口是心非」的意思，亦即穆斯林是心口如一的人。不過，現在「回教」這一名稱已不在中國大陸使用。這是因為在一九五六年，當時的國務院總理周恩來在國務院的會議上提出，伊斯蘭教是一個世界性的宗教，並不是在中國土生土長的宗教，所以將來不再使用「回教」二字，全部改稱為「伊斯蘭教」。但是，中國香港、澳門、臺灣、新加坡及其他東南亞國家聚居的華人並沒有統一的說法，有些華人穆斯林仍然會使用「回教」這名稱。例如我所屬的灣仔伊斯蘭中心，八樓為「香港回教信託基金總會」，七樓則是「香港伊斯蘭聯會」，我們也沒有把名稱統一。

關於名稱的問題，香港教育局甚至因為教科書的用字問題，曾特意致電問我伊斯蘭教是否等同回教。我說「是」。來電的人便說：「好吧。我們會在教科書說明這關係，確實有不少香港人分不清兩者的關係。」

伊斯蘭教傳入中國的路線主要分為陸上絲綢之路和海上絲綢之路，都是因經商傳入。陸路經過波斯、阿富汗、中亞再到新疆地區；海上絲綢之路則從波斯灣，到廣州、泉州、杭州、揚州等沿海地區後，再到達內陸。因此，中國最早的清真寺有廣州的懷聖寺、泉州的清淨寺、杭州的鳳凰寺及揚州的仙鶴寺。

中國的清真寺大約有五萬多座，伊瑪目阿訇（教長）[3]、毛拉（新疆地區對教長的稱謂）等教職人員大約六至七萬人，穆斯林人口大約有三千萬人。中國穆斯林的分佈可用「大分散，小集中」來形容，「大分散」即穆斯林散佈在全國各地，「小集中」即穆斯林大多

3 伊瑪目是阿拉伯語的音譯，其意是：領袖、帶領禮拜的人；阿訇是波斯語的音譯，其意是：教師。這兩個稱謂在我國都是教長的意思。

集中在當地清真寺四周居住，如現西安有「回民街」、北京的「牛街」等等。其實，中國很多城市都有類似的回民小區。

中國有五十五個少數民族，其中有十個少數民族全民信奉伊斯蘭教，分別是回族、維吾爾族、哈薩克族、烏茲別克族、柯爾克孜族、塔吉克族、塔塔爾族、東鄉族、撒拉族和保安族。其他民族也有信奉伊斯蘭教的。值得留意的是回族，在伊斯蘭教傳入中國之前，其實是沒有這個少數民族的，亦因此，對比其他信奉伊斯蘭教的民族，他們沒有自己的語言及文字，而是講漢語，分佈亦最廣，其他的大多聚居於中國的西北地區。

中國的穆斯林絕大多數屬於遜尼派，而什葉派的信眾十分少，主要聚居在新疆偏遠地區。

伊斯蘭教傳入香港的過程與傳入中國內地一樣，都是主要通過海路和陸路。

早期華人穆斯林的合照，攝於 1957 年。
(照片提供：黑洪祿先生)

伊斯蘭教主要是阿拉伯及波斯的穆斯林商人在唐宋時期由海路到中國經商時傳來，而廣州則是其中一個經商重地。因此推斷穆斯林踏入香港的歷史亦同樣可追溯至這時期，不過並沒有發現他們在香港居住的記載。

直至十八世紀末到十九世紀初，穆斯林才開始在香港逗留，伊斯蘭教亦從此傳入香港。最早到港的穆斯林反而不是華人，而是外籍穆斯林。

外籍穆斯林主要從海路到港。這時期東印度公司與中國的貿易已達到了相當的水平，當時每年約有五十至六十艘商船到中國，當中有數千名印度水手，大多來自印度孟買、加爾各答、馬拉巴海岸、孟加拉海灣等地，當中不乏穆斯林的海員。這些船常停泊在伶仃島東面的大嶼山和香港港口，所以免不了在香港停留。另外，亦同樣是經東印度公司，穆斯林商人到華經商，大多住在荷李活道一帶。當時的穆斯林需要聚在一起做禮拜，便申請在附近興建清真寺，亦即現在的摩羅廟街與些利街之間的清真寺。

說起摩羅廟街這街名，其實是有問題的。嚤囉二字據考證來自澳門，葡萄牙人把信奉伊斯蘭教的人稱作 Mouros，因此澳門的清真寺和墓園被稱為「嚤囉園」。不過，也有人認為「嚤囉」二字帶貶意，而且伊斯蘭教做禮拜的地方應該稱作清真寺，而不是廟。但有趣的是，老一輩的香港穆斯林亦曾把些利街清真寺稱作「大廟」。我認為這條街街名應該依英文名 Mosque Street 意譯，稱其為清真寺街，我亦曾經提出應該為這街名正名。正如當年香港政府興建中環半山電梯時，寫路牌時亦把些利街清真寺寫作「穆罕默德*廟」，我們去信要求更改，政府就改正了。

一八四一年，英國佔領香港島，印度軍隊作為英國軍隊在此駐紮。這些印度籍士兵有部份是穆斯林，隨後他們便在港謀生定居，除了從事警察、看更、海員、清真小食店等工作外，也有不少富商來港開公司。直至二十世紀四十年代，巴基斯坦穆斯林愈來愈多。五十年代中期，不少印度、印尼、馬來西亞、新加坡、斯里蘭卡、泰國、緬甸、菲律賓等國的穆斯林陸續進入香港，並從六十年代起大部份逐漸定居於九龍尖沙咀商業區。九十年代，則有大量的印尼穆斯林女性以勞工的身份進入香港當傭人，使印尼籍成為香港最大的外籍穆斯林社群。

一直以來，不少在香港居住的外籍穆斯林和華人通婚。按照教規，非穆斯林的華人要先入教才可通婚，同時，他們的下一代亦將會是穆斯林。隨着第二、第三代的出現，這些在香港出生成長的外籍穆斯林後裔成為了一個特殊的穆斯林群體，被稱作「本地仔」。他們會按原有的穆斯林名字，以廣東話選擇一個中國人的姓氏，比如：Omar 便取姓「馬」、Mohammed Khan 便取姓「簡」、Yakoob Alladin 便取姓「田」、Rumjahn 便取姓「林」等，這也是穆斯林本地化的一個現象。現時，外籍穆斯林想申請加入中國國籍，就必須要有中文姓名，否則就拿不到特區護照和回鄉證了。

而華人穆斯林比外籍穆斯林稍晚開始逗留香港，最初來港具體時間沒有詳細的歷史記載，大約是在十九世紀七十年代。早期到港的華人穆斯林主要來自廣東和廣西地區，他們大多數文化程度較低，大都在電車行業和煙草公司當工人。這時期香港的華人穆斯林（回族）人數不多，直至抗日戰爭爆發，大批中國北方的難民湧入香港，便多了中國北方的回族。據廣州楊漢光阿訇回憶：「廣州淪陷前夕（一九三八年），星散的廣州回民，有部份先後轉往香港。」這一時期香港華人穆斯林人數大增。一九四九年中華人民共和國成立前後，廣東及內地又有一部份穆斯林進入香港。另外，亦有一批穆斯林商人來到香港，主要來自北京、南京和上海，大部份都是經營古董和珠寶業，當時定居在九龍尖沙咀及港島中環一帶。二十世紀八十年代初至今，又有不少內地穆斯林陸續來港定居。

隨着二〇一三年國家「一帶一路」倡議的提出和實施，「一帶一路」沿線國家的穆斯林來港經商、留學、工作的人數不斷增多，目前，香港穆斯林的人口大約有三十萬。印尼傭工幾乎佔了三分之二，其他則為本地華人、土生混血、南亞以及其他外籍穆斯林。

目前，在港登記註冊的伊斯蘭教社團有四十多個，沒有登記註冊的伊斯蘭教社團也有五十多個，有的社團已停止運作。

負責管理本港五座清真寺（些利街清真寺、九龍清真寺、灣仔愛群清真寺、柴灣清真寺和赤柱清真寺）以及兩座回教墳場（跑馬地回教墳場和柴灣回教墳場）的社團是香港回教信託基金總會，該會由四個社團的七位代表組成，這四個社團分別為：香港伊斯蘭聯會（兩位代表）、巴基斯坦協會（兩位代表）、達吾迪・布哈爾協會（兩位代表）、印度穆斯林協會（一位代表）。

中華回教博愛社則是香港六宗教領袖座談會的代表組織。另外還有：香港中國回教協會、香港回教婦女協會、香港伊斯蘭青年協會、香港穆斯林聯會等比較有影響力的社團。

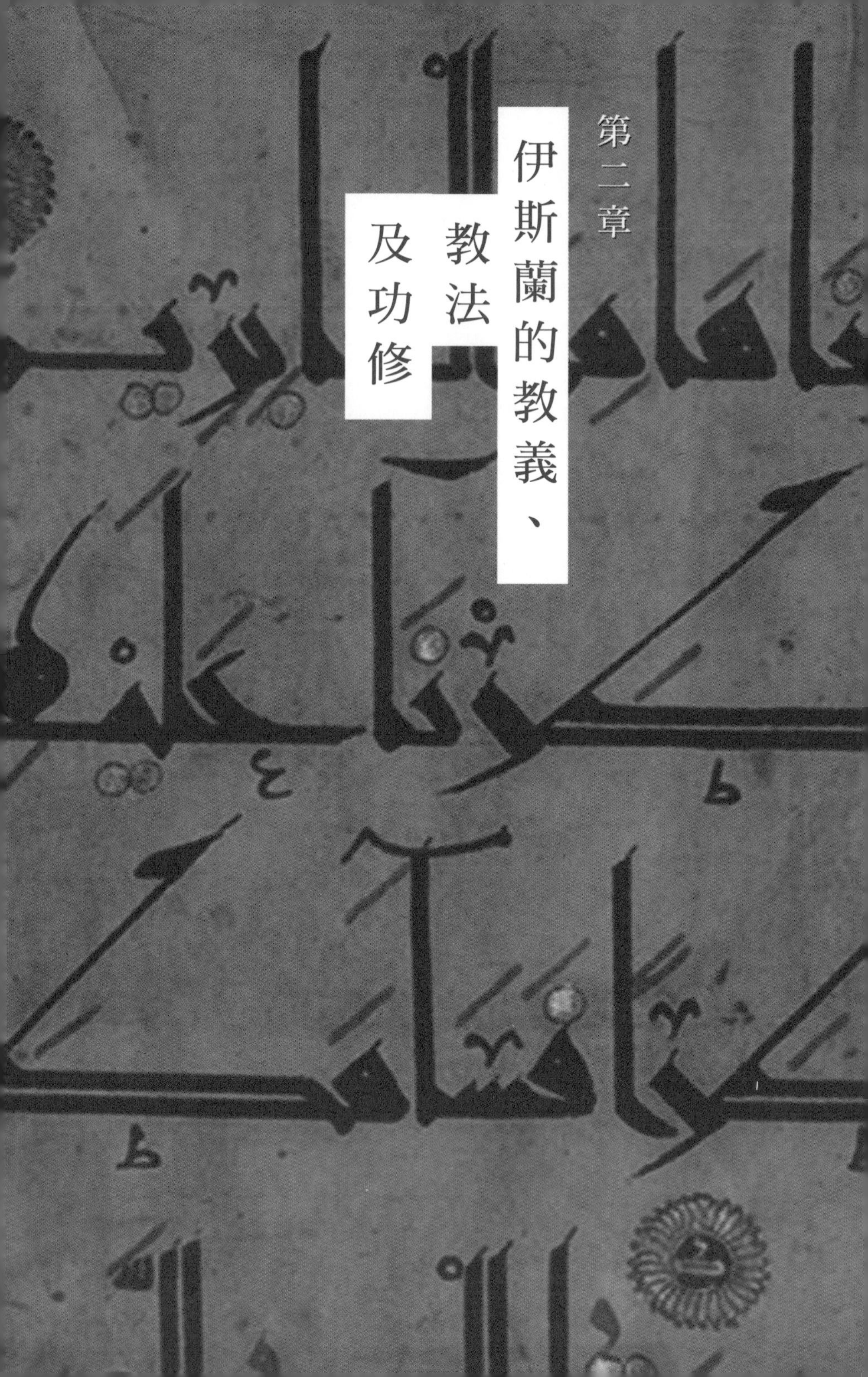

第二章

伊斯蘭的教義、教法及功修

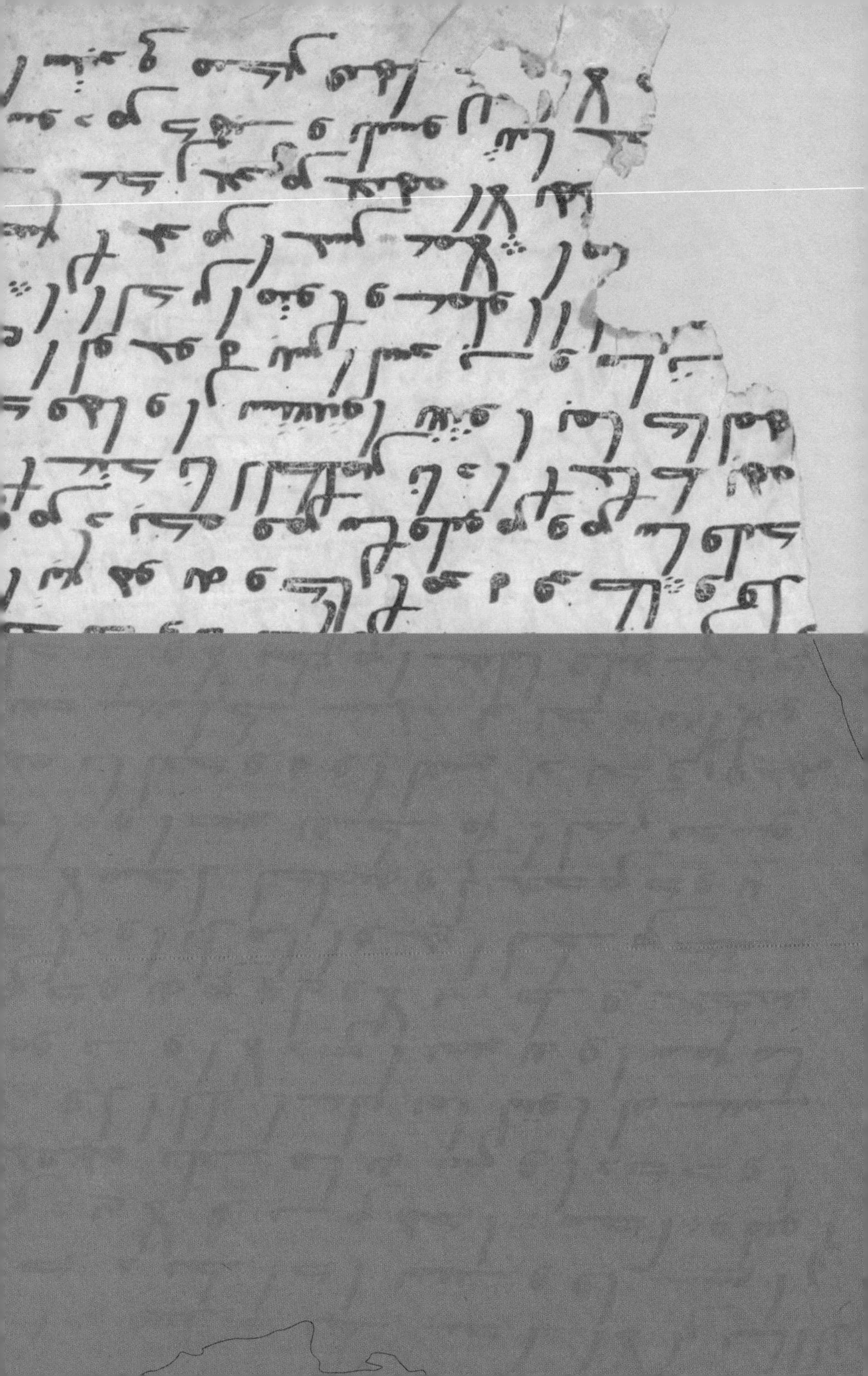

信仰又叫伊瑪尼，是由阿拉伯文 Iman 翻譯過來。頭五大信條在《古蘭經》中有明文規定：

「信道的人們啊！你們當確信真主和使者，以及祂所降示給使者的經典，和祂以前所降示的經典。誰不信真主、天神、經典、使者、末日，誰確已深入迷誤了。」《古蘭經》（第四章一百三十六節）

「你們把自己的臉轉向東方和西方，都不是正義。正義是信真主，信末日，信天神，信天經，信先知，並將所愛的財產施濟親戚、孤兒、貧民、旅客、乞丐和贖取奴隸，並謹守拜功，完納天課，履行約言，忍受窮困、患難和戰爭。這等人，確是忠貞的；這等人，確是敬畏的。」《古蘭經》（第二章一百七十七節）

而「信前定」這第六條信條則出自聖訓：

「信仰就是你信仰安拉，相信天使、經典、使者、末日以及好與壞的前定。」《穆斯林聖訓集》

有人主張信仰有兩大要素：一、內心誠信；二、口舌招認（表白出來）。但也有人主張再加一個，身體力行，成為三大要素。

「信仰有七十幾個或六十幾個分支，最高貴的分支是作證：除安拉之外，絕無真正應受崇拜的；最低的分支是清除道路上的障礙物；知恥也屬於信仰的一個分支。」《穆斯林聖訓集》

信安拉（真主）

信真主是六大信條之首，是最重要的，是伊斯蘭教的信仰核心。相信真主安拉是宇宙萬物的主宰，是宇宙萬物的創造者、掌管者和養育者。假如不相信安拉，做功修就沒有任何意義。相信真主，是其他信條的基石。

一、相信真主是獨一的。祂沒有開始，因為祂本來就有；祂沒有終結，因為祂永遠存在。祂亦沒有形態，沒有形象，也沒有一樣東西像祂，也沒有方位，是超時空的存在，超越所有事物。

「你說：祂是真主，是獨一的主；真主是萬物所仰賴的；祂沒有生產，也沒有被生產；沒有任何物可以做祂的匹敵。」《古蘭經》（第一百一十二章一至四節）

「真主，除祂外絕無應受崇拜的；祂是永生不滅的，是維護萬物的；瞌睡不能侵犯祂，睡眠不能克服祂；天地萬物都是祂的；不經祂的許可，誰能在祂那裡替人說情呢？祂知道他們面前的事，和他們身後的事；除祂所啟示的外，他們絕不能窺測祂的玄妙；祂的知覺，包羅天地。天地的維持，不能使祂疲倦。祂確是至尊的，確是至大的。」《古蘭經》（第二章二百五十五節）

二、相信真主是大仁大慈和公道的。伊斯蘭教認為人沒有原罪，人生下來都是純潔的，罪過是後天造成的，只要人知錯悔改，真主便會寬恕有罪的人。祂的仁慈是遍及所有被造物的。

真主的九十九個尊名，是在《古蘭經》和聖訓中表明的九十九個真主的屬性。

「（你說：）『我的過份自害的眾僕呀！你們對真主的恩惠不要絕望，真主必定赦宥一切罪過，祂確是至赦的，確是至慈的。』」《古蘭經》（第三十九章五十三節）

三，相信真主是宇宙萬物的造物主。因為萬物不能憑空存在，所以一定有創造者。若沒有這個信仰，是解答不了「世界從何而來」這個問題的。

「是他們從無到有被創造出來呢？還是他們自己就是創造者呢？難道他們曾創造天地嗎？不然，是他們不確信真主。」《古蘭經》（第五十二章三十五至三十六節）

四，相信真主是全能的、全知的、全聽的和全觀的。

「天地萬物，都是真主的。你們的心事，無論加以表白，或加以隱諱，真主都要依它而清算你們。然後，要赦宥誰，就赦宥誰；要懲罰誰，就懲罰誰。真主對於萬事是全能的。」《古蘭經》（第二章二百八十四節）

「如果惡魔慫恿你，你應當求庇於真主。祂確是全聽的，確是全知的。」《古蘭經》（第

四十一章三十六節）

另外，關於安拉這個詞的用法，是阿拉伯語 Allah 的音譯，是造物主的尊名，意思是「唯一值得崇拜的」。中國穆斯林用「真主」一詞，而不用「上帝」或「天主」，因為基督教有聖父、聖子、聖靈「三位一體」的概念，相信上帝有一名獨生子耶穌，但伊斯蘭教是認主獨一的宗教，所以不用「上帝」或「天主」一詞，從而區分兩個宗教各自對於造物主在概念上的不同。真主不是爾撒（耶穌）*，爾撒*也不是真主。真主不是三位一體的。爾撒（耶穌）*是麥爾彥（瑪利亞）之子，是真主的使者。

「妄言真主確是三位中的一位的人，確已不信道了。除獨一的主宰外，絕無應受崇拜的。如果他們不停止妄言，那末，他們中不信道的人，必遭痛苦的刑罰。」《古蘭經》（第五章七十三節）

「麥爾彥之子麥西哈（即是爾撒），只是一個使者，在他之前，有許多使者確已逝去了。他母親是一個誠實的人。他們倆也是吃飯的。你看我怎樣為他們闡明一切跡象，然後，你看他們是如何悖謬的。」《古蘭經》（第五章七十五節）

所以，當伊斯蘭教傳入中國時，前人花了很多心思如何向中國人解釋伊斯蘭教的信仰，他們用了「真主」這詞，亦即「真正的主宰」，以此與其他概念區分，如上天、老天爺等。

信天使

安拉先用光創造天使，再用火創造精靈，用泥土創造人。天使不同精靈和人有自由意志去選擇變好或變壞，順不順從造物主，天使絕對服從造物主的命令。

「他們（天使）畏懼在他們上面的主宰，他們遵行自己所奉的命令。」《古蘭經》（第十六章五十節）

「他們（天使）在祂那裡不敢先開口，他們只奉行祂的命令；」《古蘭經》（第二十一章二十七節）

他們各司其職，執行安拉的命令。比較有名的例如吉卜利勒大天使（加百利大天使）*，負責傳達真主的訊息予眾先知，還有些天使負責甚麼時候刮風下雨，有些天使負責取命，有的天使負責紀錄人的言行等。

信經典

《古蘭經》是伊斯蘭教最神聖、最根本的經典。它是安拉的語言，是安拉給人類的最後一部經典，引導世人從黑暗走向光明。《古蘭經》共有一百一十四章，六千多節經文，都是穆罕默德*由傳教開始二十三年期間（西元六一〇至六三二年）安拉零星降示給他的。

穆罕默德*在世時，《古蘭經》的章節次序都是安拉定的，是由吉卜利勒大天使（加百利大天使）*在穆罕默德*歸真前的齋戒月曾兩次由頭到尾誦讀給他聽。

信經典的意思，是相信真主降示給眾使者的一切經典。因此，除了最後一部經典《古蘭

克爾白的歷史發展和麥加城的變遷（A.D.470-1992）

經》外，在穆罕默德*之前就已經有不同的經典，它們是降示給穆薩（摩西）*的《討拉特》、達吾德（大衛）*的《宰布爾》、爾薩（耶穌）*的《引文勒》。

穆斯林相信這些經典，都是真主降示的。所以，本書所有《古蘭經》的引文都會加上引號，以表明所有經文都是由真主言說的。穆斯林只相信《古蘭經》之前的經典最初的原本經文，並不是現時的版本。例如《聖經》有很多版本，很多都不是真主直接言說的，大部份都是由不同人書寫的，而只有《古蘭經》受真主保護，未受到任何改動。全世界只有一個阿拉伯文版本的《古蘭經》。

「我確已降示教誨，我確是教誨的保護者。」《古蘭經》（第十五章九節）

按教法規定，穆斯林誦讀古蘭經時，必須要具備大淨和小淨。在禮拜「祈禱」時，《古蘭經》亦只能用阿拉伯文來誦讀，因為世界上沒有任何一種語言能夠完全把阿拉伯文的《古蘭經》翻譯出來。但是為了讓非阿拉伯人的穆斯林明白《古蘭經》的意思，《古蘭經》被翻譯成了世界各種語言的譯解版本，而譯本上都會寫上「古蘭經譯解」或「古蘭經大義」。

每本《古蘭經》都寫明受真主保護

真主創造了人類，隨後派先知（聖人）來教化世人，教導如何在大地上生活。在每個時代、每個民族中，真主都派遣了先知。第一位先知就是人類的祖先阿丹（亞當）*，最後的一位封印的先知是至聖穆罕默德*。

「在你之前，我所派遣的使者，都奉到我的啟示，除我之外絕無應受崇拜的。所以你們應當崇拜我。」《古蘭經》（第二十一章二十五節）

《古蘭經》記載了二十五位聖人的名字，如努哈（挪亞）*、易卜拉欣（亞伯拉罕）*、葉爾孤白（雅各）*、穆薩（摩西）*、達吾德（大衛）*、爾薩（耶穌）*，還有很多先知的名字在《古蘭經》中沒有記載。

「我確已啟示你，猶如我啟示努哈和在他之後的眾先知一樣，也猶如我啟示易卜拉欣、伊斯馬儀、易斯哈格、葉爾孤白各支派，以及爾撒、安優卜、優努斯、哈倫、素萊曼一樣。我以《宰布爾》賞賜達吾德。我確已派遣許多使者，他們中有我在以前已告訴你的，有我未告訴你的。真主曾與穆薩對話。我曾派遣許多使者報喜信，傳警告，以免派遣使者之後，世人對真主有任何託辭。真主是萬能的，至睿的。」《古蘭經》（第四章一百六十三至一百六十五節）

真主都賜予這些使者奇跡般的能力，如爾薩（耶穌）*在嬰兒時期就懂說話，以證明他是真主派來的使者。換句話說，人靠個人的努力不足以成為使者。真正的使者是真主挑選的，是真主賜予他所應得的人。需要知道的是，真主的使者只是人，身份是真主的僕人，是主奴關係，他只是被真主所選派作為替祂傳達啟示的人。

「你說：『我只是一個同你們一樣的凡人，我奉的啟示是：你們所應當崇拜的，只是一個主宰，故誰希望與他的主相會，就叫誰力行善功，叫誰不要以任何物與他的主受同樣的崇拜。』」《古蘭經》（第十八章一百一十節）

與經典一樣，穆斯林相信在穆罕默德*之前的所有先知，由第一位先知阿丹（亞當）*至最後一位先知穆罕默德*，他是封印的先知，在他之後，不再有先知被派來。《古蘭經》的經文亦記載了很多先知的故事。

信末日（死後復生，後世）

另外，《古蘭經》提及不同的先知或人物時，由於所涉及的教義及歷史細節或會與基督教不同，所以用的譯名亦有所不同。書中先知名稱後面的括號，便是基督教所用的譯名。

伊斯蘭教相信「末日」必將來臨，認為這個世界既然是被創造的，有始的，那麼就必然會有終結的一天。但是，沒有人知道這個日子甚麼時候到來。只有真主至知。

「起初我怎樣創造萬物，我要怎樣使萬物還原。這是我自願應許的，我必實行它。」

《古蘭經》（第二十一章一百零四節）。

真主已經說明了，這世界的創造與毀滅都掌握在祂手上。當世界末日來臨之時，亦是最後審判之日的到來，造物主讓所有人復活，以面對祂的清算和審判，每個人都會得到完全的報酬，行丁點善事，會被看見；做丁點壞事，也會被看見。行善者，自受其益，作惡者，自受其害。

「在那日，人們將紛紛地離散，以便他們得見自己行為的報應。」《古蘭經》（第九十九章六至七節）。

真主會根據善惡，讓復生的人進「天園」或入「火獄」。天園的資源應有盡有，人將在天園裡過着快樂的生活，沒有病痛，也沒有痛苦。

「祂將因他們的堅忍而以樂園和絲綢報酬他們。他們在樂園中，靠在床上，不覺炎熱，也不覺嚴寒。樂園的蔭影覆庇着他們，樂園的果實，他們容易採摘。」《古蘭經》（第七十六章十二至十四節）

而被罰入火獄的，除了被火燒外，只能飲用極熱的熱水和極熱的髒物，將受盡折磨。因罪受罰入火獄的信士刑滿後會入天園，而非信士要永居火獄之中。

「火獄確是伺候着，它是悖逆者的歸宿；他們將在其中逗留長久的時期。他們在其中不能睡眠，不得飲料，只飲沸水和膿汁。」《古蘭經》（第七十八章二十一至二十五節）

信前定

前定即是真主在事前已經註定了會發生的事情，定奪了萬事萬物的規律，天體的運行，人的生老病死都是真主預定安排的，這些都將在預定的時間發生。只有真主知道將來要發生的事情。

「我確已依定量而創造萬物。」《古蘭經》（第五十四章四十九節）

「祂（真主）預定萬物，而加以引導。」《古蘭經》（第八十七章三節）

但這與宿命論完全不同，因為即使有前定，真主也賦予人自由意志，去選擇相信或不相信真主，去選擇走怎樣的路，去選擇要行善還是作惡等。中國穆斯林先賢提出了一個比喻，前定就像大海，人像是海中的船，你可以選擇你的方向，但無論你怎麼航行，你也出不了大海。但行好事，莫問前程，盡人事聽天命，一切聽從真主的安排，而所有的遭遇和災難，要麼是來自真主的考驗，要麼是人類自己造成的，不能以前定為由抵賴找藉口而逃脫責任。

「凡你們所遭遇的災難，都是由於你們所作的罪惡；祂饒恕你們的許多罪過。」《古蘭經》（第四十二章三十節）

信前定是努力奮鬥，積極進取，樂觀向上。

五大功修

穆罕默德＊曾說過，伊斯蘭教是建立在「五大支柱」之上，就如高樓大廈一樣，假如沒有支柱，大廈就會坍塌。這「五大支柱」就是唸作證言、禮拜、齋戒、天課和朝覲。這五項都是穆斯林需要及應當做的，因此被稱為「五大功修」。因為即使穆斯林內心已經相信了真主，但亦需要用言語表達出來，更需要身體力行。

伊斯蘭的功修只針對成年的穆斯林，未成年的穆斯林是沒有這個義務的。伊斯蘭教對成年人的劃分標準，與國家社會以年齡劃分的方法不同。伊斯蘭教以生理變化劃分成年人，女性是在第一次月經過後便成年，男性則是以第一次夢遺為標準。換句話來說，每一位穆斯林成年的時間都有可能不同。當然，未成年的人隨父母練習功修是受到鼓勵的。

唸作證言

唸作證言是加入伊斯蘭教時需要做的事。任何人只要明白了作證言的意義，並誦讀出來，就成為穆斯林了。我經常說，你一分鐘就能成為穆斯林。所以，無論你懂不懂阿拉伯語，你都可以誦讀作證言。順帶一提，其實非阿拉伯人的穆斯林人數遠遠比阿拉伯人的穆斯林人數還要多。他們都不懂阿拉伯語，要怎樣誦讀呢？方法是用拼音讀出阿拉伯語的發音，再用譯文明白其意思。入教時，最好有見證人，並伸出右手食指，以示真主獨一無二。其實，穆斯林平常都會經常誦唸「清真言」和「作證言」。

所謂「作證言」是指兩個作證，即在「清真言」前面加上「我作證」。清真言是伊斯蘭信仰的核心，其內容如下：

「萬物非主，唯有安拉。穆罕默德*是安拉的使者。」

（英文拼音：La ilaha illallahu Muhammadun rasuulul lah）

當變成「作證言」時，便會加入了「我作證」，以表示堅定的承諾，亦即：

「我作證：除安拉外，絕無應受崇拜的，祂獨一，無夥伴；我也作證：穆罕默德*是安拉的忠僕和使者。」

（英文拼音：Ash hadu an laailaha illal lahu wah-dahu laa sharii kalahu; Wa ashhadu anna Muhammadan abduhu wa rasuuluhu)

其實唸作證言就是親口說出六大信條中「信真主」的意思，也是進入了伊斯蘭的大門，成為了穆斯林就要開始履行宗教功修。「清真言」、「作證言」也是穆斯林日常經常誦讀的言辭，以此紀念真主，堅定信仰。

禮拜是崇拜真主的重要儀式，真主創造人的目的就是要人崇拜祂。

「我（真主）創造精靈和人類，只為要他們崇拜我。」《古蘭經》（第五十一章五十六節）

因此，生命的意義和價值就在於崇拜造物主。

「你（穆罕默德*）應當宣讀啟示你的經典，你當謹守拜功，拜功的確能防止醜事和罪惡，紀念真主確是一件更大的事。真主知道你們的作為。」《古蘭經》（第二十九章四十五節）

真主命令我們做禮拜，而禮拜的動作是按照穆罕默德*的教導而做的。但具體怎樣做呢？穆罕默德*說過：「你們看我怎樣做禮拜，你們就怎樣做禮拜。」禮拜不單單體現在動作上，同時穆斯林也要虔誠紀念真主，並在生活上培養紀律和潔淨，使人的品德和行為端正。穆斯林做祈禱和禮拜時，需要注意的地方比其他宗教多，例如：

一、禮拜前的準備工作：身體、衣服和地方要清潔

伊斯蘭教非常重視清潔衛生，穆罕默德*曾說：「清潔屬於信仰的一部份。」禮拜前要「身體潔淨」，分別有「大淨」和「小淨」。「大淨」即全身清潔；「小淨」即清潔身體上的某些部位，包括臉、口、鼻、手、胳膊、頭和足。而日常洗澡不等於做了大淨，因為只有虔誠立意，洗淨身體是為了崇拜真主，才能算是做了大淨。在大淨的基礎上有小淨才可以做禮拜，在下列情況下一定要洗大淨：

1. 夫婦房事後；
2. 婦女經期過後；
3. 分娩血淨之後；
4. 男子夢遺；
5. 非穆斯林加入伊斯蘭教。

二、需要在指定時段做禮拜

小淨的步驟

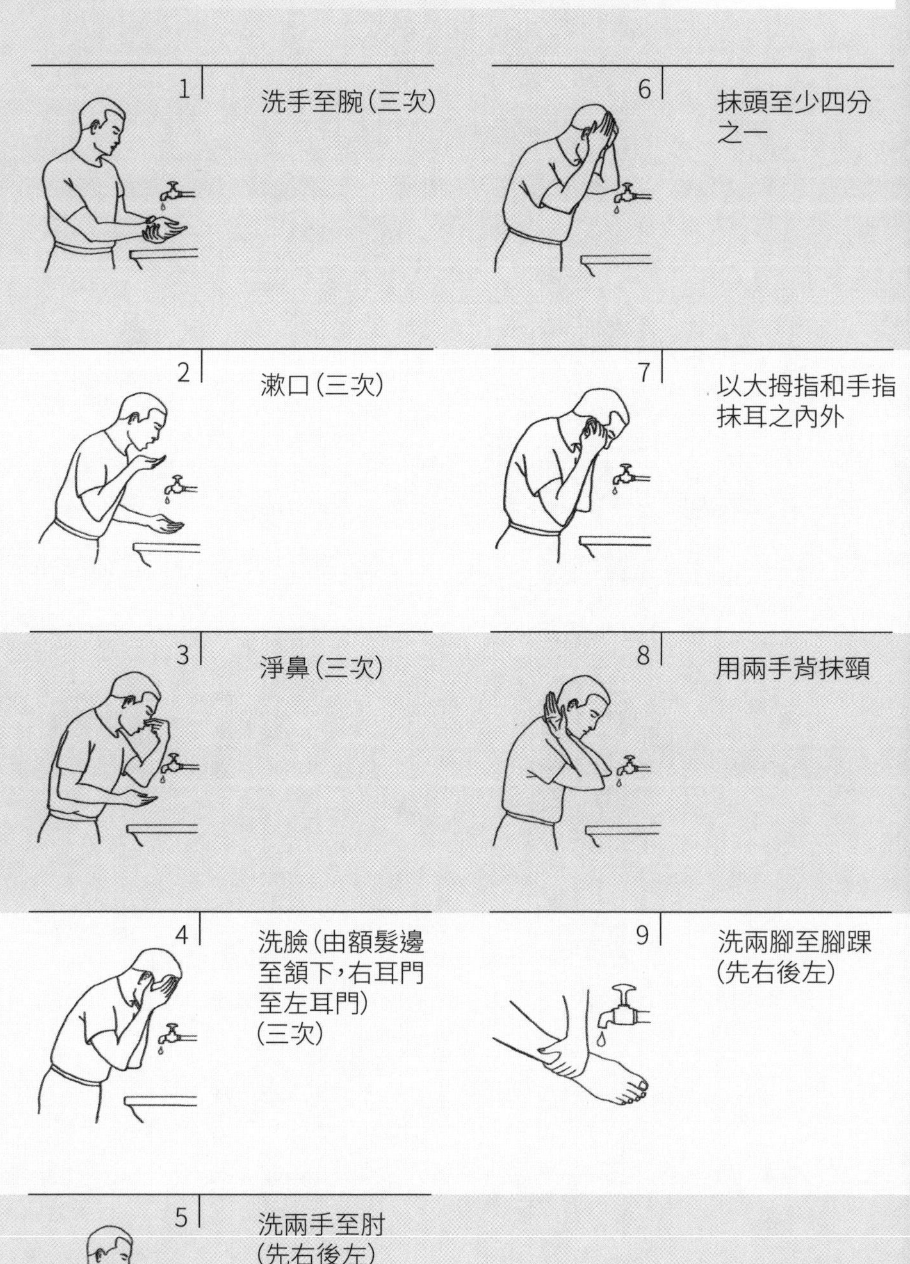
1
洗手至腕(三次)
2
漱口(三次)
3
淨鼻(三次)
4
洗臉(由額髮邊
至頷下,右耳門
至左耳門)
(三次)
5
洗兩手至肘
(先右後左)
(三次)
6
抹頭至少四分
之一
7
以大拇指和手指
抹耳之內外
8
用兩手背抹頸
9
洗兩腳至腳踝
(先右後左)

真主說：

「當你們完成拜功的時候，你們當站着、坐着、躺着紀念真主。當你們安寧的時候，你們當謹守拜功。拜功對於信士，確是定時的義務。」《古蘭經》（第四章一百零三節）

每日五次禮拜：

晨禮	自破曉至日出之前
晌禮	在太陽偏斜之後，直至影子長度是物體兩倍之前。
晡禮	影子長度是物品兩倍之時起，直至太陽落下片刻之前。
昏禮	太陽落下後，直至光氣消失前。
宵禮	由光氣消失直至破曉之前

特別的禮拜：

聚禮	每週的星期五，時間與晌禮一樣。
開齋節會禮	一年一次，午前（太陽升起後一段時間至太陽正頂之前）。
宰牲節會禮	同右

三、禮拜的朝向

伊斯蘭教禁止崇拜造物主以外的所有偶像和畫像。造物主規定以克爾白做為禮拜朝向的標記，人們只要向着這個地方崇拜，便等於崇拜造物主。因此，全世界的穆斯林做禮拜的時候，都是向着克爾白這個方向。例如中國的穆斯林在克爾白東面，所以我們做禮拜和祈禱會向西面。如果身處在克爾白西面的地方，就會向東面做禮拜和祈禱。

四、遮蓋羞體

男性的衣服最低限度是從肚臍至膝蓋要遮蓋；女性則只露出手和臉。

另外，穆斯林做禮拜時需要虔誠的意念和集中精神，如同真主在你面前一樣。所以例如

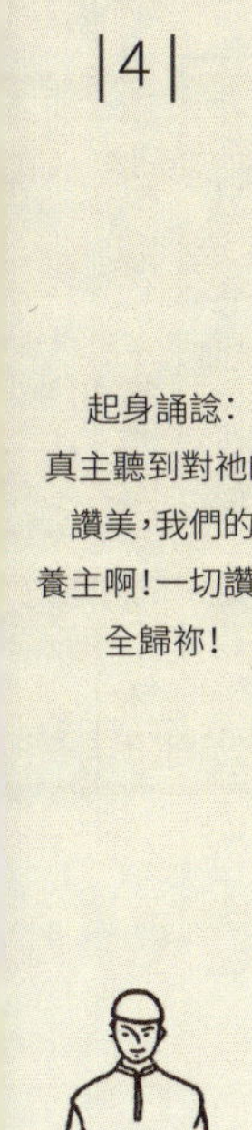

|4|

起身誦唸：
真主聽到對祂的
讚美，我們的
養主啊！一切讚頌
全歸祢！

|5|

接着叩頭二次，
每一叩頭誦讀三次
「誠讚我的養主至高超絕」。

|6|

把「2、3、4、5」
動作做一次，
稱為第一拜。
然後站起來，
把「2、3、4、5」
再做一次，
稱為第二拜。
（按不同的時段
的禮拜有三拜和四拜，
與二拜的細節
略有不同。）

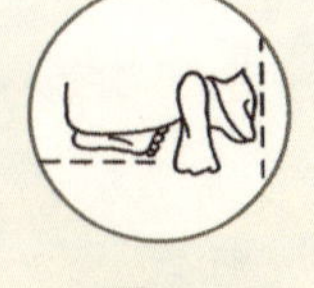

|7|

最後便跪坐，唸讚
美詞、祝福、祈禱詞，然後
先向右，後向左說「賽俩目」
（真主賜你們平安），便正式
結束一次禮拜。

禮拜的動作

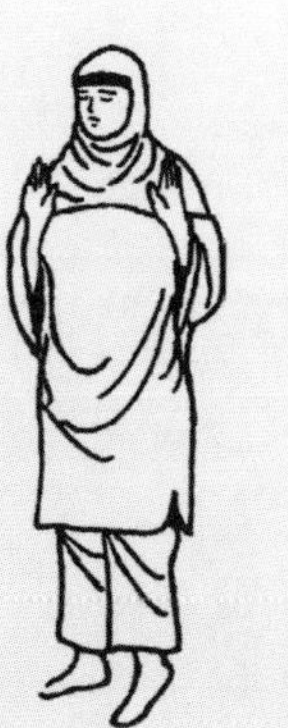

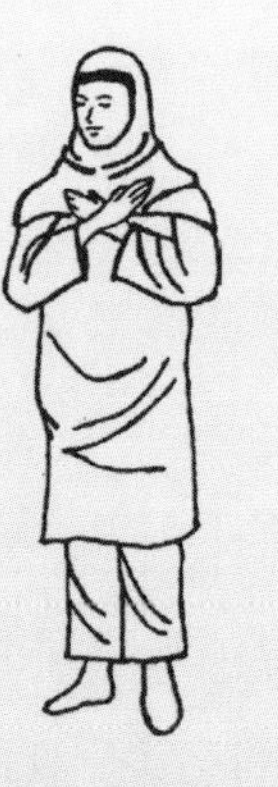

|1|

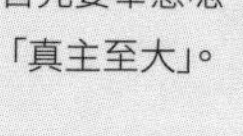

首先要舉意唸「真主至大」。

|2|

然後默唸讚頌詞、求護詞，接唸《古蘭經》的開端章，接唸《古蘭經》中任何章節。在禮拜期間，經文和祈禱文都是用阿拉伯文誦讀。因為《古蘭經》是真主的語言。

—

開端章的內容如下

奉至仁至慈的真主之名
一切讚頌，全歸真主，全世界的主，
至仁至慈的主，報應日的主。我們只崇拜祢，
只求祢祐助，求祢引導我們上正路，
祢所祐助者的路，不是受譴怒者的路，
也不是迷誤者的路。

|3|

接着鞠躬，並唸：誠讚我的養主尊大超絕。

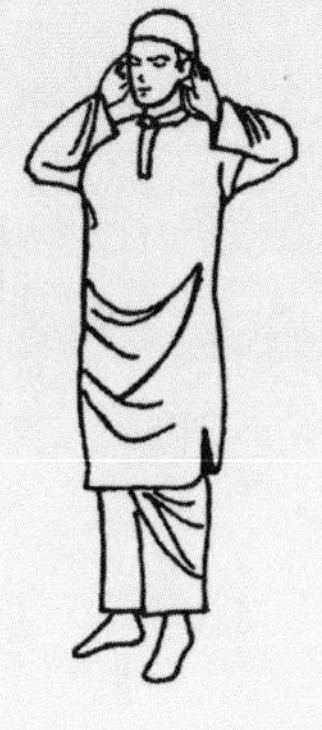

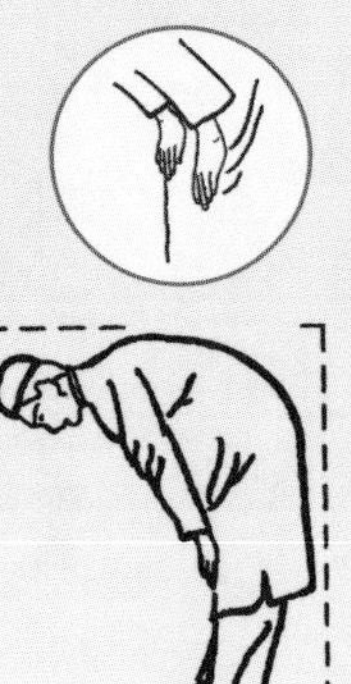

手機電話等會干擾禮拜的科技產品，禮拜前就應該要關掉。

「你崇拜安拉如同你看見祂，儘管你看不到祂，祂確看見你。」《穆斯林聖訓集》

禮拜的分類及規定還有很多，以上只是簡單介紹其中一套動作。

雖然動作不少，但假如身體出現了問題，如起立、跪坐不方便，可以坐在椅子或凳子上做禮拜，如果坐都不方便，可以躺着做。這些動作可以按規定減少。除了五次規定的禮拜外，穆斯林平時也會祈禱。

齋戒

「信道的人們啊！齋戒已成為你們的定制，猶如它曾為前人的定制一樣，以便你們敬畏。」《古蘭經》（第二章一百八十三節）

「齋戒」一詞是阿拉伯文 Siyam 的意譯，意思是「克制、節制、飲食有度、斷食」。為甚麼要在伊斯蘭曆（以下簡稱伊曆，詳見有關伊曆的算法，頁一一二）的九月（賴買丹月，亦稱為齋月）齋戒呢？《古蘭經》明文規定：

「賴買丹月中，開始降示《古蘭經》，指導世人，昭示明證，以便遵循正道，分別真偽，故在此月中，你們應當齋戒；害病或旅行的人，當依所缺的日數補齋。真主要你們便利，不要你們困難，以便你們補足所缺的日數，以便你們讚頌真主引導你們的恩德，以便你們感謝祂。」《古蘭經》（第二章一百八十五節）

伊斯蘭教的齋戒是在伊斯蘭曆的第二年規定的，在每年伊斯蘭曆九月，穆斯林從破曉至日落，禁止飲食、夫婦行為及所有罪惡的言行。不過，齋戒這種功修並不是由穆罕默德*開始的，以前的先知早已經實行，只不過是方式及維持的天數有所不同。

齋戒的等級可分為三個層次。戒口腹之慾及性慾只是最基本的一層。這層之上，是舌頭、眼睛、手腳的齋戒，即不說謊、不在背後說是非、不看不雅的事物和不做壞事。第三層則是思想上的齋戒，心中只有真主，不胡思亂想，讓個人的靈性精神境界得到昇

華人穆斯林傳統家庭場景，人物為香港華人穆斯林收藏家、文博專家黑洪祿先生。傳統華人穆斯林家庭懸掛阿拉伯經文與中國書畫結合的中堂，兩邊輔以中文或阿文書法卷軸。

華。這是最高層次的齋戒。

因此，齋戒的目的不僅是為了節制慾念，而且是為了培養穆斯林忍耐、刻苦的精神以及誠實的品格。穆斯林通過飢餓，會啟發慈悲憐憫之心，最後達到敬畏真主。這是一個很特別的功修，全靠個人的自律，不需要人監督。自願戒絕吃飲和性慾，只是為了獲得真主的喜悅，因此真主會加倍回賜齋戒的人，同時齋戒對身體健康有益。

與其他功修一樣，非成年的穆斯林並不一定要齋戒。除此之外，有智能障礙和健康問題的穆斯林亦不需要齋戒。長期患病的老人則可以捐錢予窮人飯吃代替齋戒。身體暫時不適的人，待身體恢復健康後，再補回所缺的天數即可。另外，外出公幹和旅行的人，也可以暫停齋戒，待回家後同病患者一樣補回欠缺的天數即可。如果孕婦擔心胎兒的健康，產婦擔心幼兒的健康，都可暫停齋戒，待齋戒月過後，再補所缺的天數，經期和產血未淨的婦女不可齋戒，過後才需要補回所缺的天數。

在北極地區白晝的時間很長，夜晚時間很短，甚至只有白晝，或者只有夜晚，要在那地方的日照時間內齋戒是很難做到的。伊斯蘭的教法富有靈活性和寬容性，所以通常會有兩種折衷做法，一是跟從最鄰近地區合理的齋戒時間，二是跟從麥加的齋戒時間，而採用後者較多。

天課

「你們當謹守拜功，完納天課，與鞠躬者同齊鞠躬。」《古蘭經》（第二章四十三節）

天課在阿拉伯文中的意思是「淨化、潔淨、增長、發展」的意思，即是穆斯林把自己擁有的財產，經過一周年之後，達到了滿貫（教法規定的限額），從中拿出四十分之一贈予窮困的人。穆斯林將通過天課令擁有的財產變得純潔，同時淨化個人對財產的貪婪之心。而「增長」指的是真主會使完納天課的人的財富增長。這個增長的過程，可能人未必自知，但真主自有決定。

「你要從他們的財產中徵收賑款，你借賑款使他們乾淨，並使他們純潔。你要為他們祈禱；你的祈禱，確是對他們的安慰。真主是全聽的，是全知的。」《古蘭經》（第

九章一百零三節）

因此，這並不是所有成年穆斯林都需要做的功修，假如財產沒有盈餘，則無需要完納天課，如果需要接濟則可以接受富人施予的天課。可以接受天課的八種人如下：

「賑款只歸於貧窮者、赤貧者、管理賑務者、心被團結者、無力贖身者、不能還債者、為主道工作者、途中窮困者；這是真主的定制。真主是全知的，是至睿的。」《古蘭經》（第九章六十節）

天課的目的在於戒除貪念、吝嗇，啟迪同情心。同時，這亦是為了拉近貧富之間的差距，鼓勵富人應當多照顧窮人。天課不是施捨，而是責任。在伊斯蘭教的教義內，所有的財產和金錢都是真主所擁有的，穆斯林只是暫時代替真主保管這些財富。從這個意義上說，富人所給予的並非自己的財富，是真主的財富，因此這些金錢是窮人應該得到的。除了完納天課，還要多施捨，多做善事。

「你們應當信仰真主和使者，你們應當分捨祂所委你們代管的財產，你們中信道而

且施捨者，將受重大的報酬。」《古蘭經》（第五十七章七節）

在審判日每個人都得被審問和清算，包括你的錢財是怎樣得來的，又是怎樣花費的。

朝覲

「凡能旅行到天房的，人人都有為真主而朝覲天房的義務。」《古蘭經》（第三章九十七節）

朝覲（Hajj）在阿拉伯語中，意指「探訪神聖的地方」，這裡專指到麥加朝覲克爾白天房。具體的儀式是在伊曆十二月八日至十三日，到達沙特阿拉伯麥加城及其郊區平原、山區，進行一連串宗教儀式。這時間及地點都有所規定，在其他時間到克爾白是不能算作正朝，只能算作副朝。副朝不像正朝那樣是真主命令的功課，一年四季都可以做，而副朝的儀式亦較簡單。

真主命令，穆斯林只要有能力，並具備條件（例如經濟能力、身體健康、路途平安）的話，一生要朝覲一次。現時每年這段時間履行朝覲的人，平均高達二百萬人次。

正如其他功修一樣，只有成年的穆斯林才有義務完成。所以假如穆斯林家庭中的小孩隨從家人到過天房朝覲，這不代表他已經完成了朝覲這項功修。他需要在成年後再到天房朝覲一次才算完成這項功修。

要注意的是，朝覲並不是遊山玩水，而是遵主命為主奉獻、犧牲自己的體力、財力和時間，表達對真主的敬畏。同時，朝覲也是為了紀念易卜拉欣（亞伯拉罕）*和伊斯馬儀（以實瑪利）*兩位先知。朝覲讓世界各地不同種族、文化背景的信眾只為遵循真主的命令而來，在同一地點，同一時間，用同樣的方式，做同一種功課來祈求真主，讚美真主超絕萬物。前來朝覲的穆斯林將會體會到人類大同，在真主面前，人人平等，一切行為都要向真主負責的想法。

朝覲者首先要在戒關受戒，通常先做副朝，即按逆時針圍繞着克爾白轉七次、在薩發和麥爾臥兩座山丘之間奔走七次，然後開戒，副朝便完成。等到正朝的日子到來，即伊曆十二月八日，在麥加駐地再為正朝受戒，然後駐米納、在阿拉法特祈禱、露宿穆茲代里法、在米納用小石擊魔鬼石柱、宰牲（羊隻），再為正朝環轉克爾白七次以及在薩發麥爾臥之間奔走七次。以下簡單介紹幾個重要的儀式：

一、戒關

未到目的地前，外來的朝覲者會經過戒關進入聖城麥加。朝覲者會先在此處受戒，包括洗大淨，男士要穿戒衣等儀式。男士穿的戒衣，主要是由兩塊沒有縫起來的白色布包裹着，連內衣褲都不能穿。這象徵着人來到這世上，都是光着身子，甚麼都沒有。女士則只要按教法規定的日常服飾即可，重點是要樸素，不可過於花俏。

二、在薩發和麥爾臥兩座山之間奔走七次

在薩發和麥爾臥兩山之間奔走主要是為了紀念易卜拉欣*的妻子哈佳（夏甲）。她當年為了幫長子伊斯馬儀*尋找水源，便在這兩座山之間來回跑了七次。其後，她突然在伊斯馬儀*的腳下發現泉眼，這口井便成為了有名的滲滲泉。

因此，穆斯林在朝覲時，遊轉天房七圈後，便會喝滲滲泉的泉水，然後便開始在兩座山丘之間奔走七次。

三、在阿拉法特祈禱

伊曆十二月九日，朝覲者需要站駐在阿拉法特從中午站至太陽下山。「阿拉法特」意指「相互認識」。這名字源於阿丹（亞當）*和哈娃（夏娃）的故事。他們原本在天園裡面居住，因為違犯了主的命令，被趕到人間，更夫妻失散。後來，因為阿丹*誠心懺悔，真主原諒了他，便讓他倆在阿拉法特重逢。

阿拉法特內有一座山稱作仁慈山，這座山之所以出名，是因為在伊曆十年（西元六三二年），穆罕默德*在最後一次朝覲中，在此山上作了一次著名的演講，稱為「辭朝演說」。（詳見附錄）

四、用小石擊打魔鬼石柱

在阿拉法特平原的仁慈山祈禱

用小石擊打魔鬼石柱的原因與易卜拉欣*的一個經典故事有關。當時，真主為了考驗易卜拉欣*，命令他把兒子伊斯馬儀*作為祭品奉獻給真主。易卜拉欣*正要舉刀時，魔鬼卻前來搗亂，誘使他放棄真主的命令，於是易卜拉欣*用石子擊退了魔鬼，並堅定執行這項命令。最後，真主知道他是真心順從祂的命令，便阻止了他，而讓他用一隻羊代替宰伊斯馬儀*，父子都通過了真主的考驗。

吉哈德

「你們應當為真主而真實地奮鬥。」《古蘭經》（第二十二章七十八節）

除了五大功修外，有學者認為吉哈德是伊斯蘭的第六大功修。吉哈德（Al Jihad）是阿拉伯文的音譯，其字面意思是「盡心盡力、克服困難、付出努力做好一件事」，亦即「奮鬥」的意思。比如說為學業或事業而奮鬥是吉哈德，為生計奔波也是吉哈德等。

吉哈德的目的是虔誠服從真主的命令，為獲得真主的喜悅，捍衛基本人權，弘揚真理，消除邪惡，建立公正、公平和安穩的社會。

吉哈德的形式很多，勸善戒惡以及孝敬父母等，都屬於吉哈德。同自身私慾作鬥爭的吉哈德、與惡魔作鬥爭的吉哈德，這些是大的吉哈德。用財產進行吉哈德，資助為主道的奮鬥者，以及用生命進行的吉哈德，即武力吉哈德，這些就是小的吉哈德。

吉哈德包含着多方面的意思，因此只把吉哈德指武力吉哈德是不正確的。現時，更有人把吉哈德譯成 Holy War，再從英文把吉哈德直譯成聖戰，這也是不正確的。

首先，聖戰（Holy War）是來自西方基督教社會的術語，在伊斯蘭的教義和教法裡是找不到這個詞的。另外，武力吉哈德的條件是要受到外來侵略、被進攻和受壓迫的情況下才可進行的。例如，伊斯蘭史上首次的武力吉哈德，是因為穆罕默德＊在麥地那傳播伊斯蘭教時，受到外來的攻擊，在真主降示了允許武力抵抗的經文後，才建立軍隊自衛和抵抗外來侵略。另外，在自衛反擊戰開始前，需要先向對方宣教，如對方接受伊斯蘭，則停止戰鬥。如對方言和，馬上停戰。

「如果他們傾向和平，你也應當傾向和平，應信賴真主。」《古蘭經》（第八章六十一節）

「除因復仇或平亂外，凡枉殺一人的，如殺眾人；凡救活一人的，如救活眾人。」《古蘭經》（第五章三十二節）

進行武力吉哈德時，穆斯林應遵守的禮節：不可傷害老人、婦女、兒童以及神職人員；不可毀壞寺廟、教堂；不可毀壞果樹、莊稼、屠殺牲畜等，不可傷害敵軍所派遣的使者等。

現時，又有人誤以為極端分子或者恐怖分子的行為是來自於原教旨主義，這又是把概念搞錯。首先，「原教旨主義」亦同樣是西方基督教的話語，在伊斯蘭教的經典裡找不到這個詞。穆斯林從一千四百多年前所堅持的五大功修和六大信條，至今未變，將來也不會變。因此從何而來原教旨主義呢？而再進一步說，極端分子的行為已經偏離了伊斯蘭教的教義，因此不能把基本教義與極端主義混為一談。

伊斯蘭教法

伊斯蘭教法的阿拉伯文音譯為「沙里亞」（Shari'a），字面意思是「通向水源的道路」。它的動詞是「沙萊阿」（Sharaa），是規定的意思。因此「沙里亞」是真主規定的，真主是「沙里亞」的制定者，是永恆的，是不可以改變的。伊斯蘭「沙里亞」法具有寬容性、靈活性，是適合任何時代、任何區域的。另外一個阿拉伯文音譯為「費格赫」（Fiqh），動詞是「費給海」（Faqiha），其意是「理解、領悟」，是按照《古蘭經》和聖訓的原則，在「沙里亞」的基礎上制定出來的教法。

伊斯蘭「沙里亞」律法是對全人類而制定的，是為了整個人類大眾的福祉。「沙里亞」法除了規範穆斯林的行為外，同時也保障非穆斯林的基本權利。

「沙里亞」法的宗旨有五個，包括：保護宗教信仰（包括其他宗教信仰）、保護生命、保護財產、保護名譽和保護受害者的權利。真主所命令的事情，一定是對人有益的；真主所禁止的事情，一定是對人有害的。

伊斯蘭教立法有四大依據，分別是《古蘭經》、聖訓、公議及類比：

1. 《古蘭經》是伊斯蘭「沙里亞」律法的最主要來源，是伊斯蘭教法基本原理的根。

2. 聖訓是紀錄了先知穆罕默德*所說過的話、做過的事以及他默許過的事情。著名的共有六部聖訓集，當中最有名的是《布哈里聖訓集》及《穆斯林聖訓集》，被稱為「正確的可靠的兩大聖訓集」。這些聖訓是後來聖訓學家追溯穆罕默德*的言行，搜集、篩選並整理後結集而成的。這除了是因為穆罕默德*是一位文盲，另外還因為在《古蘭經》降示期間，他不准其他人紀錄他的說話，因為他擔心有人混淆他的說話和真主降示給他的啟示。聖訓作為伊斯蘭法的第二來源，是因為真主說：

「凡使者給你們的，你們都應當接受；凡使者禁止你們的，你們都應當戒除。」《古蘭經》（第五十九章七節）

3. 「公議」是根據《古蘭經》和聖訓中的基本原則去判定，當案件在《古蘭經》和聖訓中都找不到的情況下，一眾精通經典和教義的學者就會聚集在一起商量，研究一致認同的解決方案。這是根據《古蘭經》中的第四章五十九節「你們當服從真主，應當服從使者和你們中的主事人」的一節經文，而按經注學家的解釋，「主事人」是指統治者、宗教學者等管理事務的人。

4. 「類比」則是在經訓中查閱是否有同類型的案例，再根據情況作出相應的判決。比如《古蘭經》第五十章九十節禁止飲酒，但是沒有提到含有酒精成份的飲料。禁止是因為酒使人醉，也就是說酒含有酒精成份，是禁酒的原因，如此類推，所有含酒精成份的飲料都是被禁止的。

學者都認為，伊斯蘭立法的這四大根據體現在《穆斯林聖訓集》中的一段聖訓。當時，真主的使者穆罕默德ﷺ派穆阿祖・本・哲白利到也門做法官，穆罕默德ﷺ問他：「你憑甚麼判斷？」他說：「我憑真主的經典。」穆罕默德ﷺ又問他：「如果在真主的經典裡找不到怎麼辦？」他說：「我憑真主使者的言行。」穆罕默德ﷺ又問他：「如果在真主使者的言行中也找不到怎麼辦？」他說：「我憑我的理智去判斷。」穆罕默德ﷺ拍着他胸膛，說「感贊真主」，也就是穆罕默德ﷺ默認了他的回答。

隨着時代發展，社會中出現的新問題需要被解決，因此，伊斯蘭教法中新的「法台瓦」（教法判令）也不斷出現。

伊斯蘭教法的內容十分廣泛。除了關於宗教功修，還有社會生活方面的內容，例如婚姻法、繼承法，亦包括懲辦社會犯罪的刑法。比如現代興起的金融行業、器官捐贈等，都需要教法來解釋而作出相應的教法判令。

比較值得一提的是伊斯蘭金融。很多人會說，其他宗教都沒有以宗教名義的金融，為甚麼會有伊斯蘭金融？首先要再重申一次，伊斯蘭教是一套完整的生活方式，也是制度。伊斯蘭金融屬於伊斯蘭教經濟制度的範疇。它是根據《古蘭經》和聖訓的基本原則，結合現代金融體系而制定出來的一種新的金融體系。伊斯蘭金融的特色，是在做生意借貸方面，伊斯蘭教嚴禁利息。換句話說，伊斯蘭教不容許放高利貸。

「吃利息的人，就像中了魔的人一樣，瘋瘋癲癲地站起來。這是因為他們說：『買賣恰像利息。』真主准許買賣，而禁止利息。奉到主的教訓後，就遵守禁令的，得已往不咎，他的事歸真主判決。再犯的人，是火獄的居民，他們將永居其中。」《古蘭

經》（第二章二百七十五節）

另外，伊斯蘭教禁止伊斯蘭教法所禁止的所有生意，其中包括色情場所、賭場、與酒廠有關的生意、與豬肉有關的生意等。亦因此，伊斯蘭的金融產品需要度身訂造，以免穆斯林投資到不允許投資的生意上。伊斯蘭教法是允許做生意、投資，並用合法的手段賺取錢財的，同時，禁止投機取巧和用詐騙等非法手段賺取錢財。

「信道的人們啊！你們不要借詐術而侵蝕別人的財產，惟借雙方同意的交易而獲得的除外。你們不要自殺，真主確是憐恤你們的。」《古蘭經》（第四章二十九節）

雖然世界上有很多伊斯蘭國家，甚至有以伊斯蘭命名的伊斯蘭共和國，但其實沒有一個國家完全執行伊斯蘭教法律「沙里亞」。沙特阿拉伯王國儘管是以《古蘭經》為該國的憲法，但是王室制度就不符合伊斯蘭的精神，伊斯蘭是主張民主協商制，並非世襲制。

第三章

伊斯蘭的節日及紀念日

第一章曾經提及，伊斯蘭教是一套完整的生活方式，所以人生的方方面面都與信仰有關，一些特別的日子及禮儀亦不例外。

如中國人重視過節一樣，伊斯蘭教的節日都有慶祝活動。伊斯蘭教有兩大節日，分別是開齋節和古爾邦節，而有些地區則認為有三大節日，即連同穆罕默德*的誕辰，但其實教法只規定有兩大節日。

這兩大節日都與五大功修中的兩大功修有關，分別是齋戒（開齋節）及朝覲（古爾邦節）。另外，還有一些毋須慶祝，但值得紀念的重要和特別的日子。

值得注意的是，這些節日舉行的日子都是以伊斯蘭曆法計算的。伊曆（又稱希吉萊曆）是純粹的陰曆，即以月亮計算曆法，以新月出現時為每月的第一天，每一個月不是二十九天，就是三十天。如果以西曆的標準看，伊斯蘭教的節日每年約提前十天，所以這兩大節日會輪流在各季節出現。由於是以月亮的運行計算曆法，亦因此，日子的轉換不在凌晨，而是在晚上，日落之後就是第二天，也就是說夜晚在前，白天在後。例如一月五日的晚上，其實是指一月五日白天之前的晚上。而伊斯蘭曆法亦同樣有十二個月：一月，穆哈蘭；二月，賽法爾；三月，賴比歐安．奧沃勒；四月，賴比歐．阿黑爾；五月，朱瑪都．伍倆；六月，朱瑪都．阿里賴；七月，萊哲布；八月，舍爾邦；九月，萊麥丹；十月，紹瓦勒；十一月，祖勒．蓋爾岱；十二月，祖勒．希哲。

「依真主的判斷，月數確是十二個月，真主創造天地之日，已記錄在天經中。」《古蘭經》（第九章十六節）

開齋節

開齋節是慶祝齋戒月（即伊曆九月）圓滿完成齋戒的功修，即伊曆的十月一日。但哪一日才是伊曆的十月一日？伊斯蘭教有特別的規定，便是要去望月。

到了齋戒月的第二十九天，便要觀看新月。假如看到新月，則第二天便是開齋節；但如果有雲霧看不到新月，齋戒月則圓滿三十天，延遲一天才是開齋節。這個規定是源自穆罕默德*說過：「看到新月便開始齋戒，看到新月就開齋。」因此，每個國家慶祝的日子有時候並不統一。

在香港，我們每年都到山頂看月，但香港天氣不太好，幾十年來沒有一次看到過，我們也要透過天文台才知道新月出現和落下的時間。其實我們有一個共識，假如香港看不到新月，而在其他鄰近國家，例如新加坡、馬來西亞、印尼看到新月，我們也會接受在同一天慶祝開齋節。亦因此，如中東等較遠的地區，開齋節的日期有時會與東南亞國家相差一天。

開齋節當天，穆斯林一大清早便會開始進食，一般會吃椰棗或地方特色的食品。開齋後便要準備做禮拜，誦讀《古蘭經》，讚美真主。準備的內容包括大淨（沐浴）和穿新衣。與平時做禮拜的慣例不同，開齋節做的禮拜稱作「會禮」，沒有「喚禮」和「宣禮」。大家聚集在清真寺或戶外，首先聆聽教長講解節日會禮的意義和做法，以及提醒教胞在做會禮之前繳納開齋捐善款，然後就帶領大家做禮拜，拜後聆聽教長的節日演講（呼圖白），開齋節的拜功就完成了。然後大家互相祝賀節日。平常做禮拜，我們都在清真寺內做，但開齋節會禮，最好選擇在空曠的戶外地方舉行。

香港穆斯林於開齋節在維多利亞公園禮拜

之後，大家便會去探訪親朋好友和聚餐。每個地區的做法略有不同，有些是家庭聚會，有些是打開大門歡迎任何人進來隨便吃喝。穆斯林社群的大型聚餐，往往也會安排在開齋節後舉行，大家歡聚一堂共慶佳節。

因為在香港開齋節並不是公眾假期，有些穆斯林在開齋節做完禮拜後便要趕着去上班，無法聚餐，節日氣氛亦相對失色。其實，也有一些穆斯林會主動向僱主申請當天放假慶祝開齋節。我們都希望有屬於自己的假期，但這並不是那麼簡單，其一，是因為香港的放假制度是全民一起放假；其二，是因為伊斯蘭曆法與西曆不同，無法確定日子，我們要到伊曆的九月二十九日晚上才能決定開齋節的日期。

古爾邦節

這個節日是在伊曆的十二月十日，亦即是在朝觀的第三天舉行。雖然穆斯林一生只需要到克爾白朝觀一次，但全球穆斯林每年無論在甚麼地方都會慶祝這節日。

古爾邦來自音譯的阿拉伯文 al-Qurban，是「接近」的意思，也就是「透過宰牲接近真主」。這節日另一個名稱是艾祖哈（al-Adha），意思是「犧牲、奉獻」，因此譯為宰牲節。

這節日的由來源於易卜拉欣（亞伯拉罕）*聖人與其兒子伊斯馬儀（以實瑪利）*為真主奉獻的故事。易卜拉欣*在夢中接到真主的命令，要求他宰了自己的兒子奉獻給真主，他對兒子說：

「『我的小子啊！我確已夢見我宰你為犧牲。你考慮一下！你究竟有甚麼意見？』」他說：『我的父親啊！請你執行你所奉的命令吧！如果真主意欲，你將發現我是堅忍的。』」《古蘭經》（第三十七章一百零二節）

當易卜拉欣*正要舉刀宰兒子時，真主知道他是真心服從真主的命令，所以制止了他，並讓他以一隻羊代替兒子成為奉獻品即可。

這是對易卜拉欣*父子的雙重考驗，一是考驗易卜拉欣*對真主的忠誠，是否絕對服從真主的命令；二是考驗伊斯馬儀*的孝順，是否能夠聽從父命，為真主犧牲。所以，這個節日亦被稱為忠孝節。

與開齋節一早起床便開始進食不同，古爾邦節是一早起床不進食，直到完成了禮拜才開始進食。禮拜的做法同開齋節的會禮一樣，拜後便開始宰牲。沒有能力的穆斯林不需要宰牲，有能力的應當在這天宰牲，最好是一人宰一隻羊，或七人合宰一頭牛或一峰駱駝。

「我確已賜你多福，故你應當為你的主而禮拜，並宰犧牲。」《古蘭經》（第一百零八章一至二節）

與所有功修一樣，宰牲最重要還是要看虔誠的心，一切善功唯憑舉意。

「牠們的肉和血，都不能達到真主，但你們的虔誠，能達到祂。祂為你們這樣制服牠們，以便你們為真主對你們的引導而尊崇祂。你應當向行善者報喜。」《古蘭經》（第二十二章三十七節）

香港穆斯林於宰牲節宰牲，攝於 1997 年。

宰牲前，穆斯林會唸誦以下經文：

「『我的禮拜，我的犧牲，我的生活，我的死亡，的確都是為真主——全世界的主。祂絕無夥伴，我只奉到這個命令，我是首先順服的人。』」《古蘭經》（第六章一百六十二至一百六十三節）

這是穆斯林的座右銘，生為真主而生，死為真主而死。一切都是為了獲得真主的喜悅。

宰牲後，通常會把肉分三份，一份贈送親友，一份施予貧民，最後一份則自己享用。

「你們可以吃牠們的肉，並應當用來款待知足的貧民和乞討的貧民。我為你們這樣制服牠們，以便你們感謝。」《古蘭經》（第二十二章三十六節）

值得留意的是，雖然伊斯蘭教不像佛教一樣，禁止殺生。但是，我們亦不鼓勵隨便或過份宰殺動物。宰牲的時候需要懷着仁慈的心，例如不要讓牠們看見刀，宰的時候刀要快，以減輕被宰動物的痛苦。

穆罕默德＊誕辰

穆罕默德＊在伊曆前五四年三月十二日（即西元五七〇年八月二十日）誕生。對穆斯林來說，這是一個重要的歷史事件，因為真主啟示給人類最後和最完整的經典《古蘭經》，是由穆罕默德＊傳授的。他的品格是人類的典範，真主通過他完美了自己的宗教——伊斯蘭教。《古蘭經》曾提及真主派遣穆罕默德＊是為了「憐憫全世界的人」。

不同的地區在這一天用不同方式紀念穆罕默德＊誕辰。有趣的是，通常非伊斯蘭國家的穆斯林會有較多紀念活動。當然，伊斯蘭國家都把這個日子定為公眾假期，但是其實並沒有甚麼紀念活動。通常他們會到清真寺內聚會，主要講解穆罕默德＊的生平，宣揚他的美德，呼籲大眾追隨他、效仿他，做一個真正順從真主的人。

尊貴之夜

尊貴之夜是指真主首次派吉卜利勒大天使（加百利大天使）＊把《古蘭經》降示給穆罕

默德*的那一夜晚。這夜的日子為伊曆九月二十七日的晚上，因為被認為勝過一千個月的夜晚，所以才叫尊貴之夜。

「我在那高貴的夜間確已降示它，你怎能知道那高貴的夜間是甚麼？那高貴的夜間，勝過一千個月，眾天神和精神，奉他們的主的命令，為一切事務而在那夜間降臨，那夜間全是平安的，直到黎明顯著的時候。」《古蘭經》（第九十七章一至五節）

由於這一夜如此尊貴，穆斯林會在伊曆的九月（齋戒月）二十七日晚徹夜不眠，通宵達旦做副功拜、誦唸《古蘭經》、唸讚詞，祈求真主饒恕罪過來度過這個夜晚。

穆罕默德*夜行與登霄

「讚美真主，超絕萬物，祂在一夜之間，使祂的僕人，從禁寺行到遠寺。我在遠寺的四周降福，以便我昭示他我的一部份跡象。真主確是全聽的，確是全明的。」《古

阿克薩清真寺，又名遠寺，也是穆斯林最初開始禮拜的朝向。

蘭經》（第十七章一節）

西元六二一年（有說法是六二〇年）七月二十七日夜晚，真主派吉卜利勒大天使（加百利大天使）*帶着穆罕默德*乘騎着「布拉格」仙馬，在一夜之間，從麥加的禁寺到耶路撒冷的遠寺，再從那裡帶他上到第七層天，亦即是最高的一層天。在那裡，他聽到真主的命令，叫他讓信道的人一天做五十次禮拜。當他從第七重天回來時，他見到以前的先知，他們問穆罕默德*：「真主為你的教眾規定了甚麼？」他說：「一天要做五十次禮拜。」。他們說：「你的教眾很難做到，趕快回去向真主求情吧。」經過一再請求減少，最後，禮拜的次數便減到了五次，也就是現今穆斯林做禮拜的規定次數，做五次就可以得到五十次的回報。這次奇蹟除了確立了禮拜的主命規定外，真主亦進一步提升了穆罕默德*的地位。

遷徙日

穆罕默德*在麥加傳教時，穆斯林曾被麥加的貴族及部落首領迫害，以致不能組成自己的社群或公開實踐自己的信仰，連穆罕默德*的生命亦受到威脅，因此他決定與部份信徒前往葉斯里布（後來改稱為麥地那）避難。當地人大多數都信奉了伊斯蘭教，他們開始着手組織自己的社會，建立自己的政府，並以真主的啟示為律法。因此，遷徙其實就是伊斯蘭教日後傳播成功的一個標誌性的開始，是一個歷史性的轉折點。

為了紀念遷徙這一壯舉，第二任哈里發歐麥爾決定，把當時遷徙的西元年份，即六二二年定為伊斯蘭曆元年。元年的首日定為西元的七月十六日，在這一天，穆斯林會聚會，並通過講授穆罕默德*與他的弟子遷徙的事蹟來紀念。

星期五聚禮

「信道的人們啊！當聚禮日召人禮拜的時候，你們應當趕快去紀念真主，放下買賣，那對於你們是更好的，如果你們知道。當禮拜完畢的時候，你們當散佈在地方上，尋求真主的恩惠，你們應當多多地紀念真主，以便你們成功。」《古蘭經》（第六十二章九至十節）

بسم الله الرحمن الرحيم

禮拜時間表 PRAYERS TIME TABLE مواعيد الصلاة

	晨禮 FAJR الفجر	晌禮 ZUHR الظهر	晡禮 ASR العصر	昏禮 MAGHRIB المغرب	宵禮 ISHAA العشاء	主麻 JUMAH الجمعة
宣禮 AZAN الأذان	5:50	1:00PM	4:50	6:33	7:50	12:40PM
成班 IQAMAH الإقامة	6:10	1:15PM	5:00	6:35	8:00	1:20PM
日出 SUN RISE طلوع الشمس	6:44	日正 NOON زوال الشمس	12:41	日落 SUN SET غروب الشمس		呼圖白 KHUTUBAH الخطبة
告示 NOTICE						1:00PM

清真寺按天文台的資料，寫上日落日出的時間，並依此寫上每天禮拜的時間。

在平時及主麻日，教長會在最前的位置（米哈拉布）帶領禮拜。

星期五的聚禮亦稱作主麻。穆斯林視星期五為特別的一天，是每星期五奉主命舉行聚禮的日子。星期五也是一周當中最好的日子。先知穆罕默德*曾說：

「太陽升起的最好日子是主麻日（星期五），阿丹（亞當）*是在此日子被造化，在此日進入天園，亦是在此日被逐出天園，末日（審判日）亦將在此日到來。」《穆斯林聖訓集》

穆斯林每天五次的禮拜，雖然最好是集體做，但單獨做也可以。但是，集體在星期五做的主麻禮拜（又稱聚禮）對於穆斯林男子是必須的，是主命，而女子則可選擇做或不做。做聚禮之前，最好在當天早上洗大淨（沐浴），換上清潔的衣服避免吃一些令口腔留下不良氣味的食物，如洋葱或蒜等。

在穆斯林國家，聚禮是在清真寺舉行；而在清真寺不多的非穆斯林國家，任何齊集足夠人數的地方，都可以舉行聚禮。所以，任何國家的穆斯林都有責任在所屬區域內安排固定地點舉行聚禮。

聚禮是由一位領拜者（伊瑪目）帶領進行，除了進行集體禮拜外，領拜者會先在領拜前先作宣講（呼圖白），穆斯林應專心聽講不可做其他事情，連做其他禮拜也不宜。宣講的內容包括時事、本地或海外穆斯林的近況和所遇到的問題、《古蘭經》解說，或者宗教上的實踐等等，每次宣講都是以讚頌真主、祝福穆罕默德*和聖門弟子，以及為穆斯林大眾祈禱作開始和結束。穆斯林可在聚禮前後如常地工作。

星期五是穆斯林進行集體聚禮的一天，表面上看，這與猶太教的安息日或基督教星期日的禮拜日相類似；不過，兩者的意義卻截然不同。守安息日或禮拜日是基於相信造物主經過六天造化天地後需要在第七天「安息」，所以，人也應當休息以榮耀和守安息日。但伊斯蘭教義認為，全能的造物主不會疲倦及不需工作後休息，所以伊斯蘭教沒有安息日的說法。

為何伊斯蘭規定了不同的禮儀？

既然伊斯蘭教涉及生活的方方面面，那麼穆斯林應對人生不同的大事，也有相應的禮儀，從生到死的人生大事，穆斯林都有應遵守的禮儀。而除了禮儀的原則要跟從《古蘭經》和聖訓外，由於穆罕默德*是真主派來的先知，人類的模楷，所以穆斯林亦當效法他待人處事的態度、行為和習慣，亦即是「聖行」。通常聖訓是指穆罕默德*的言行及他默許的事情。

需要說清楚的是，聖行並不是指穆罕默德*所做過的所有行為，而是特別指他在傳教期間以身作則的事例，這些穆斯林才需要特別仿效。傳達聖行的方法是靠互相觀察和模仿，或以教授的形式傳開去。

嬰兒誕生

穆斯林家庭認為嬰兒誕生是一件大喜事，因為這是造物主賜給他們的禮物。穆斯林認為，嬰兒出生時大哭，意味着他感恩造物主讓他降臨到這世界上。

穆斯林會向新生嬰兒的右耳誦唸「喚禮」詞（Adhan），再向左耳誦唸「宣禮」詞（Iqamah），然後為新生嬰兒起一個穆斯林的名字（俗稱「經名」）。另外，穆斯林家庭會宰牲，慶祝新生命的到來。之後穆斯林會為新生嬰兒理髮，然後稱頭髮的重量，以這重量的金或銀施予窮人。這些儀式大多設在第七天，假如過了這天，便定在第十四天或第二十一天舉行。

另外，男嬰要進行「割禮」，俗稱割包皮。這是一項聖行，現在來說，就是做一個小手術，把陰莖龜頭上的包皮割去。現代醫學已經證明了割包皮有益身體健康。在古時，中國農村的穆斯林會待冬天才為男孩做割禮，因為當時農村醫療條件較差，未有痲醉藥，只能用冰代替。

婚姻

婚姻建立家庭，家庭是社會的基石。真主創造男女，並安排男女要結婚，是為了繁衍後代，繼承在大地上的代理者。

伊斯蘭教鼓勵成年的穆斯林男女結婚，反對獨身主義及出家修行。坊間一直對伊斯蘭教

穆斯林的婚禮以簡樸為主，教長會作為主禮人坐在中間。

允許一夫多妻有不少誤解，以為這是無條件的，以為隨隨便便就可以娶很多妻子，事實並不是這樣的。

一、伊斯蘭教重視婚姻後的責任，穆斯林男子必須保證每位妻子在家庭、社會所享受的地位及待遇都一律平等，做到公平對待，不能因任何原因而有所偏差。

大家可以想像一千四百多年前，全世界任何地方，任何國家，任何民族，都存在一夫多妻的現象，甚至一夫多妻並沒有限制，而當時阿拉伯半島亦不例外。當時阿拉伯半島的婦女地位甚是惡劣，更有活埋女嬰的社會現象，而伊斯蘭教則在當時提升了婦女的地位，最標誌性的是在一千四百多年前，《古蘭經》中規定了婦女具有繼承遺產的權利。中國傳統並不會給予女性繼承權，即使是英國法例亦是數百年前，才允許女性有財產的繼承權。

二、伊斯蘭教雖允許一夫多妻，但只允許男士最多娶四位妻子，而這亦是有條件的。

「如果你們恐怕不能公平對待孤兒，那麼，你們可以擇娶你們愛悅的女人，各娶兩妻、三妻、四妻；如果你們恐怕不能公平地待遇她們，那麼，你們只可以各娶一妻，或以你們的女奴為滿足。這是更近於公平的。」《古蘭經》（第四章三節）

按照經文，《古蘭經》明文的精神其實是主張一夫一妻。因為一個男人很難做到公平對待多過一位妻子，也正因如此，現時穆斯林國家一夫多妻現象極為罕見。

由於伊斯蘭教教義認為真主創造阿丹（亞當）*和哈娃（夏娃），是以男性及女性作為結合的性別，所以伊斯蘭教是禁止同性戀的。同性戀並不是現代社會的產物，在古代魯特先知的時期，巴比倫就是同性戀盛行的地方，而造物主毀滅了他們。現時香港有個別團體認為要將同性婚姻合法化，伊斯蘭教堅決反對。伊斯蘭亦禁非婚同居及婚外情。

「眾人啊！你們當敬畏你們的主，祂從一個人創造你們，祂把那個人的配偶造成與他同類的，並且從他們倆創造許多男人和女人。你們當敬畏真主——你們常假借他的名義，而要求相互的權利的主——當尊重血親。真主確是監視你們的。」《古蘭經》（第四章一節）

穆斯林婚姻應具備以下的條件：

1. 共同的信仰

當遇到非穆斯林希望互相通婚的情況，那麼非穆斯林需要入教後才能結婚。

2. 男女雙方自願

穆斯林的婚姻關係，應當是男女雙方自願的，主張婚姻自主，不提倡包辦婚姻。當時有一位男子想和一名從未見過面的女子結婚，他問穆罕默德*的意見。穆罕默德*對他說：「不可以，沒有見過面怎能結婚呢？你先去見面，如果你喜歡她，她亦喜歡你，才可以結婚。」

「祂的一種跡象是：祂從你們的同類中為你們創造配偶，以便你們依戀她們，並且使你們互相愛悅，互相憐恤。對於能思維的民眾，此中確有許多跡象。」《古蘭經》（第三十章二十一節）

3. 聘禮

男方必須向女方贈送聘禮，而這份聘禮將成為女方的獨立財產，即使離婚亦不可收回，所以伊斯蘭的宗教組織發出的結婚證書會列明聘禮的數量。雖然教法並沒有規定要贈送多少聘禮，也沒有規定是甚麼東西，但男方一定要給女方聘禮，否則，婚姻就不成立。

4. 最少兩位人士見證

男女雙方結婚時，需要兩名公正的見證人。主持婚禮的人，在讚頌真主及祝福穆罕默德*後，便會講解結婚的意義，以及夫妻相互的權利及義務等。隨後，如果女方的監護人在場，他應當說「我把某某（新娘名字）嫁給某某（新郎名字）。」這時新郎要說：「我接受了。」如果監護人不在場，新娘便說：「我願意嫁給某某。」這叫作「伊扎布」（應允）和「蓋布洛」（接受），中國穆斯林稱其為「尼米哈」（婚禮）和寫「伊扎布」（婚書）。

5. 最好有雙方監護人的同意

伊斯蘭教不主張鋪張浪費，婚宴簡單即可，豐儉由人，甚至婚宴可有可無。在婚禮現場，男方贈送聘禮，或提前給女方都可以。場內要有見證人在場，主婚人（一般是教長）主持婚禮，帶領大家一起祈禱，祝福一對新人，相親相愛，敬畏真主，孝敬父母，便禮成了。結婚後，丈夫承擔所有家庭的開支和消費，不需要妻子分擔，如果妻子自願分擔亦無妨。

另外，伊斯蘭沒有規定夫妻之間不可以離婚，但這卻是在真主所允許的事情當中，真主最不喜歡的事。而離婚不能兒嬉，提出的一方必須先深思熟慮，不能只是被一時的情緒所牽動，而離婚前必須要先進行調解，調解不成功後才能離婚。而伊斯蘭教並沒有規定只有男方能夠提出離婚，女方亦可以提出離婚。只是當女方提出的話，她離婚時需要退還收到的聘禮；但如果男方提出，女方則不用退還。

「穆罕默德*說：『在真主看來，合法的事物中最可憎的，莫過於離婚。』」《艾布・達吾德聖訓集》

喪禮

伊斯蘭教認為，人的生命必須經過四個階段。第一個階段是在母體內；第二個階段是在現世；第三個階段是在「白爾再海」（即死後至末日的審判的階段）；第四個階段是復活、審判、永久的後世。而後世優於今世，現世只不過是一段短暫的時光。人生在世只是「過路客」。後世才是永久的，才是人的最終歸宿。

「我的宗族啊！今世的生活，只是一種享受，後世才是安宅。」《古蘭經》（第四十章三十九節）

穆斯林都視死如歸，人來自於真主，亦歸至於真主。人的壽限是真主注定的。所以，縱使法律規定了意外死亡的情況需要解剖驗證死因，但穆斯林普遍都希望不用經過這程序，只想盡快安葬即可。

「他們遭難的時候，說：『我們確是真主所有的，我們必定只歸依祂。』」《古蘭經》（第二章一百五十六節）

雖然說真主已經注定了壽限，但就算因遭遇患難或病痛，人亦不能自尋短見，自行了結生命，或者是安樂死。這些都是伊斯蘭禁止的行為。

「你們當為主道而施捨，你們不要自投於滅亡。你們應當行善；真主的確喜愛行善的人。」《古蘭經》（第二章一百九十五節）

一個人的死亡不是生命的終結，只不過是今世生命的完結，後世生命的開始。人的死亡只不過是靈魂離開了身體，並被真主收回而已，真主將在世界末日之時讓人復活。真主會審判所有人，信道且行善者會入天園，作惡者會入火獄。《古蘭經》提到所有生命都會「死亡」，用的詞是指「嘗試死亡的味道」。

「人人都要嘗死的滋味。在復活日，你們才得享受你們的完全的報酬。誰得遠離火獄，而入樂園，誰已成功。今世的生活，只是虛幻的享受。」《古蘭經》（第三章一百八十五節）

但這亦並不代表人不必為今世努力，穆斯林是強調兩世並重，尋求兩世吉慶，要追求今世和後世的兩世幸福。所以，如果有人只追求後世，而放棄今世，每天封齋禮拜追求後世幸福而已，這是錯誤的；但反之亦然，如果有人只追求今世，而放棄後世，更是大錯特錯了。正如伊斯蘭名言所說：你為今世而工作，猶如你永遠活在世上；你為後世而工作，猶如你明天就死。生帶不來，死帶不走，唯有三件事情最對亡者有益：生前所做的善事、濟人的知識和為其祈禱的善良後代。

「其實，後世是更好的，是更久長的。」《古蘭經》（第八十七章十七節）

「『你應當借真主賞賜你的財富而營謀後世的住宅，你不要忘卻你在今世的定分。你當以善待人，像真主以善待你一樣。你不要在地方上擺弄是非，真主確是不愛擺弄是非者。』」《古蘭經》（第二十八章七十七節）

這裡特別想提一提伊斯蘭的蘇非主義，有人翻譯為神秘主義。阿拉伯語「Suf」有兩種意思，一是指羊毛，二是指純潔。因此，蘇非「Sufi」亦有兩種解釋，一是指戴着羊毛斗蓬或穿着以羊毛織的衣服的人，或是指通過功修淨化心靈的人。蘇非主義者其實不是指單一的群體，而是有着很多派別，修行方法亦各不相同，例如冥想、唱讚美詩、大聲或低聲唸誦讚詞等。但基本上，蘇非主義者都是建基於「沙里亞」教法規定穆斯林都必須履行五大功修、多行善舉、淨化心靈的基礎上，然後尋找導師（阿拉伯語稱為 Sheikh，音譯篩海），並按照導師的修行方法（阿拉伯語稱為 Tareeqat，音譯塔里格特）修煉，

穆斯林的葬禮，國王和平民沒有分別。（圖為 2015 年沙特阿拉伯國王阿布杜拉的葬禮。參考自 Mail online：https://www.dailymail.co.uk/news/article-2922592/Has-Saudi-Arabia-s-King-Abdullah-died-battle-pneumonia.html）

從而得到純潔的靈性，心靈更接近真主。這本來是正確的，但是，有些人過度沉迷蘇非主義，甚至過着苦行或禁慾的生活，那就與上述提到要追求兩世幸福的教義大相違背。

穆斯林在彌留之際，身邊的人應提醒他唸「清真言」，即「萬物非主，唯有安拉，穆罕默德*是安拉的使者」，提醒他記得真主獨一無二。穆斯林死後，臉亦須朝向克爾白的方向。

伊斯蘭教認為，人死後，愈快殮葬愈好。所以，香港回教墳場提供二十四小時服務，一收到消息便開始進入程序。一般由去世到入土，在當天或第二天便可以完成。即使是公眾假期無法到生死登記註冊處辦理文件，政策特許了穆斯林可以到當區最近的警署辦理手續便可取走遺體下葬。

在下葬前，須用溫水清洗亡人，用溫水是要用如洗澡一樣的水溫。男性的亡體須遮蓋肚臍至膝蓋的位置，女性亡體須遮蓋全身。待潔淨完畢，男性亡體須用三塊白棉布裹好身體，女性則用五塊白棉布裹好，僅此而已，沒有任何陪葬品。允許在鼻子，或其他身體部位放上一些防蟲物，例如樟腦。女性多用的兩塊布，分別是胸圍及頭巾。

關於殮葬的方式，由於人是真主用泥土創造的，所以伊斯蘭教強調人死後應該要土葬。除非在航海中死去的，可海葬。伊斯蘭教禁止火葬，認為人無論在生前死後被火燒都是非常痛苦的。早在穆罕默德*時代，他就已經禁止用火燒其他動物，連害蟲也不可用火燒，只有真主才能以火懲罰罪孽深重的人。人在世，有人的尊嚴，應當給予尊重；人死後，也一樣要有人的尊嚴，也應當對其遺體給予尊重。

伊斯蘭主張厚養薄葬，因此葬禮很簡單，不像中國傳統一樣設靈堂、遺照、喪樂，遺體也不需要化妝美容；家屬不需要穿孝服，也不需要設招待賓客的宴席，親友也不用送花圈。穆斯林只需為歸真的人做祈禱，準備工作與平時做禮拜一樣，要具備大小淨，但做法略有不同，是站着做，並唸四次「安拉至大」及祈禱文，不用鞠躬和叩頭。接着便入土，入土雖沒有棺木，但亦不是直接用土掩埋其身體，而是用木板將身體與泥土隔開，而身體與木板之間則需要留有空間。伊斯蘭教的教法允許循環再用同一個墓穴，目前香港沒有實行這個做法。另外，伊斯蘭認為如果沒有人參加穆斯林葬禮的話，全體穆斯林都要共同承擔這個責任。因為這是一種集體義務和社會責任。只要有人參加了，則全體穆斯林都不用承擔責任。

其他葬禮的細節，會因地區不同有所差異，如中國的穆斯林會為亡者建立墓碑，在墓碑上刻字，但在阿拉伯地區則沒有。伊斯蘭教亦沒有規定後人在某些特定的日子，要到亡人的墓前探訪。但當穆斯林到了墳場探訪的時候，首先是祈求真主賜墓地裡所有亡者平安，然後到自己要探訪的亡者墓前，祈求真主賜亡者平安，寬恕亡者的過錯，賜亡者入樂園。伊斯蘭教鼓勵探訪墳墓，探訪墳墓可以提醒正活着的我們死亡和後世，從而淡泊人生，為死亡和永久的後世早做準備。因此，探訪墳墓對活人和死人都有裨益。

一、打噴嚏的禮節

打噴嚏時要用手（如有紙巾）捂住口，盡量降低聲音，不要面對着別人。打完了，應當說：「感謝真主！」聽到的人應當對他說：「願真主慈憫你！」如果連續打幾個噴嚏，有可能是傷風感冒了，那麼應該再加一句：「祈求真主醫治你。」

二、打呵欠的禮節

打呵欠是懶惰的一種表現，也有可能是累了想睡覺，一定要捂住口，盡量不要打出來，更不要發出聲。

三、見面的禮節

穆斯林見面都會互相問候道安「色蘭」（As-sala mu 'Alaykum），意即「祈求真主賜你（們）平安」。對方應以同樣的祝福回答 Wa 'alaykumu s-salam，或以更多的問候回答。同性之間會握手擁抱，異性之間則只有問候，而不可以握手或擁抱。通常是晚輩先向長輩道「色蘭」，客人先向主人道「色蘭」。

四、吃喝的禮節

穆罕默德*曾說：「我們這個民族，是一個不餓了不吃，吃而不吃飽的民族。」伊斯蘭認為，人活着不是為了吃，吃是為了活着，維持生命，有一個健康的身體，更好地履行作為這個世界「代理者」的使命，以崇拜造物主。

以「奉真主的尊名」開始吃喝，尊敬長者，先讓長者開始，吃靠近自己位置的飯菜。而且，不要吹食物的器皿，食物熱的話，就等涼了再吃。不要貶低食物，喜歡吃就吃，不喜歡吃就不吃。

穆罕默德*說：「人的胃分三部份，一部份是食物，一部份是湯水，一部份是空隙。」吃完了便要讚美真主，並祈禱「感謝真主賜予我們吃喝，並使我們成為穆斯林。」

現代醫學證明了少吃，吃七成飽有益身心健康，很多疾病都是吃出來的，吃得過多，吃得太好，結果「三高」（血壓高、血脂高、血糖高）都找上身。

五、說話的禮節

待人接物一定要說話，說話要看說話的對象，有文化素養的人，當然不會出甚麼問題。但一旦遇到沒有修養而又不講道理的人，如何應付呢？真主曾說：

「至仁主的僕人是在大地上謙遜而行的；當愚人以惡言傷害他們的時候，他們說：『祝你們平安。』」《古蘭經》（第二十五章六十三節）

也就是說，遇到無理取鬧的人，敬而遠之，退一步風平浪靜。

六、睡覺的禮節

真主創造白晝讓人勞作，創造夜晚讓人休息。睡覺前最好洗小淨，誦唸阿也台庫爾西（即《古蘭經》第二章二百五十五節），以及《古蘭經》最後三章。然後唸：「真主啊！我奉祢的尊名活着，我奉祢的尊名死去。」因為無人知道第二天會不會醒來。然後側右睡。第二天醒來後，應當說：「感謝真主，祂使我死（睡眠）後復活（醒來），復活的權力只歸於祂。」

起床後，要先洗手，然後刷牙。

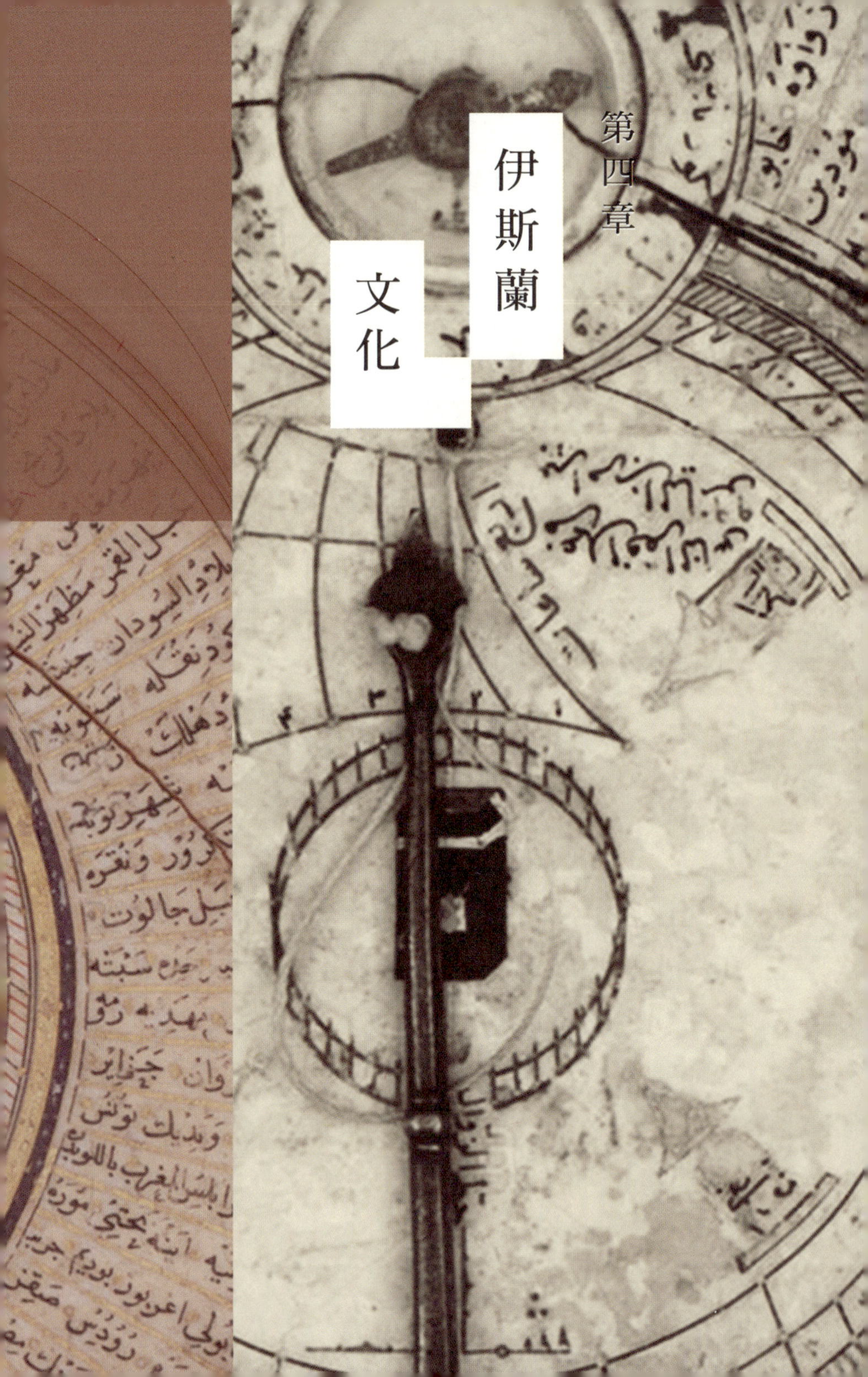

第四章 伊斯蘭文化

在世界上延續時間長、沒有中斷過、真正形成獨立體系的文化只有四個——中國文化體系、印度文化體系、阿拉伯伊斯蘭文化體系和從希臘、羅馬起始的西歐文化體系。

——季羨林，出自《東方文化史話》

阿拉伯人所建立的，不僅是一個帝國，而且是一種文化……後來，他們把其中許多文化影響傳到中世紀的歐洲，從而喚醒了西方世界，使歐洲走上了近代文藝復興的道路。

——美國歷史學家菲利浦．希提（Philip Hitti），出自《阿拉伯通史》

伊斯蘭文化主要源自《古蘭經》和聖訓。伊斯蘭教的文化博大精深，不排斥其他文化，而且吸收了其他民族的文化，包括印度文化、希臘文化，甚至中華文化。穆罕默德*曾說過：「你們求知，哪怕遠在中國，亦當往求之。」他的意思是說，無懼艱辛都要去求知，說明了他對知識的重視以及知識的重要性。

記得大概二十多年前，森姆．亨廷頓（Samuel Phillips Huntington）提出了文明衝突論，但伊斯蘭教認為，文明之間是不會衝突的，反而應當相互交流、相互包容、相互借鑒和共同發展。

「我（穆罕默德*）被派遣為聖，就是為了完美人類的倫理道德。」《布哈里德聖訓集》

「信士中信仰最完美者，是他們中道德最高尚者。」《艾布・達吾德聖訓集》

因為伊斯蘭就是要培養道德高尚的人，所以倫理道德在伊斯蘭文化中相當重要，涉及的範圍相當廣泛，關係到社會、家庭、職業、待人接物等生活中各個層面，如孝順、誠實、公正、廉潔、無私、慷慨、寬容、忍耐、仁愛、謙遜，以及助人為樂，愛人如愛己等。

以下簡單介紹其中幾項：

孝順

「你的主曾下令說：你們應當只崇拜祂，應當孝敬父母。如果他倆中的一人或者兩人在你的堂上達到老邁，那末，你不要對他倆說：『呸』不要喝斥他倆，你應當對他倆說有禮貌的話。」《古蘭經》（第十七章二十三節）

「你們當崇拜真主，不要以任何物配祂，當孝敬父母，當優待親戚，當憐恤孤兒，當救濟貧民，當親愛近鄰、遠鄰和伴侶，當款待旅客，當寬待奴僕。真主的確不喜愛傲慢的、矜誇的人。」《古蘭經》（第四章三十六節）

伊斯蘭教並沒有傳教士，當有些人研究伊斯蘭教怎樣在中國傳播，才發現原來只是阿拉伯、波斯以及中亞一帶的商人到中國經商時，就把伊斯蘭教帶入中國。伊斯蘭教在中國的傳播速度相當快，到元朝已有「回回遍天下」的說法，在中國各個地方都有回族，都有穆斯林。我個人認為，這是因為伊斯蘭的倫理道德跟中華文明的儒家所提倡的倫理道德相吻合，而伊斯蘭更把倫理道德提升到了信仰的層面。例如，中國人說「百善孝為先」，伊斯蘭教則將孝敬父母放在僅次於「崇拜唯一造物主安拉」的地位。

曾經有一個故事，有人詢問穆罕默德*，到底誰才是這世界上最值得善待的人。穆罕默德*說：「是你的母親。」那個人又問：「之後是哪位呢？」穆罕默德*又說：「是你的母親。」那個人再追問，穆罕默德✶又給了同樣的答案。再追問多一次後，穆罕默德✶才說：「是你的父親。」先知說了三次母親，第四次才說父親，這說明了母親的偉大，因為母親在養育子女上付出更多艱辛。孝敬父母，亦應當優先孝敬母親。穆罕默德✶還說過：「天園在母親的腳下！」也就是說，只有得到父母的喜悅，才能得到真主的喜悅。

誠實

「信道的人們啊！你們要敬畏真主，要和誠實的人在一起。」《古蘭經》（第九章一百一十九節）

真主命令穆斯林要做誠實的人，誠實包含幾方面的涵意：言語方面，要說真話，不要撒謊；行為方面，要誠心誠意，待人接物，不能有欺騙行為；內心方面，決定要做的事就盡力去做，許諾的事也要盡力去履行。

誠實的對象不僅局限於人，對動物亦應該誠實。伊瑪目布哈里外出尋求聖訓時，看見一個人的馬跑走了。於是這個人便把類似大麥的東西放在斗篷上，引誘那匹馬回來。隨後，那匹馬便回到他跟前，伊瑪目布哈里問他：「你的斗篷真的有大麥嗎？」他說：「沒有，我騙了牠。」伊瑪目布哈里便說：「我不會收錄欺騙動物之人所傳的聖訓。」這說明了人對所有被造物都要誠實。那麼，對人對事更要誠實。

忍耐

「你們當借堅忍和禮拜而求佑助。禮拜確是一件難事，但對恭敬的人卻不難。」《古蘭經》（第二章四十五節）

真主命令人應該以忍耐和禮拜來面對人生遇到的困難。在以上的經文中，真主是先提忍耐，再提禮拜，這表示假如沒有忍耐，連禮拜也無法完成。其他功修也一樣，如果沒有忍耐，是沒法完成的。做任何一件事情都需要忍耐。穆罕默德*亦曾經說過：「忍耐是信仰的一半。」

博愛

曾經有一位中國社會科學院的教授問我：「佛教提倡善，基督教提倡愛，伊斯蘭提倡兩世吉慶。這好像人家的宗教都是為人謀福祉，伊斯蘭教好像只為自己的福祉。」我便說：「可能有些人理解不全面，伊斯蘭其實談最多的是愛和行善。如果沒有博愛的精神和善行，是得不到兩世吉慶。」因為真主的仁慈是遍及至所有的被造物，無論是人類還是動物，無論信不信真主，是不是穆斯林，祂都會仁慈地愛護他們，供給他們。就如《古蘭經》第一章第一節，「奉至仁至慈的真主之名。」這就已經說明了真主仁慈的美德。

約一千四百年前，有人向穆罕默德*報告，他看見一個男人在沙漠救活了一隻即將渴死的狗，穆罕默德*便說這個男人做了天大的善舉，真主將赦免他過去的所有過錯。所以，伊斯蘭教所指的仁愛和行善不僅是對人，也對動物。穆罕默德*說過：「你憐憫大地上的一切被造物吧！真主就會憐憫你們。」

平等

伊斯蘭教主張平等，反對種族歧視，人人在真主安拉面前一律平等，男女之間沒有貴賤之分，最高貴的是最敬畏安拉的人。穆罕默德*曾說：「真主不看你們的外表，也不看你們的財產，但是，祂看你們的行為，你們的內心（意念）。」

伊斯蘭教主張男女平等，但有些伊斯蘭國家推行一些男女不平等的政策，如沙特阿拉伯曾禁止女性駕駛（於二〇一八年六月解禁），亦聽過在見證人方面，兩位女性見證的效力才等於一位男性，到底是怎樣一回事？

伊斯蘭教重視男女平等，除了在前面已提到過伊斯蘭教在一千四百年前已經規定女性有財產繼承權外，其實女性和男性一樣有受教育的權利，有工作的權利。而見證人這項規定亦是在一千四百年前開始，例如借貸，需要兩位男性見證。假如找不到兩位男性，則可以一位男性和兩位女性代替。

「凡行善的男女信士，我誓必要使他們過一種美滿的生活，我誓必要以他們所行的最大善功報酬他們。」《古蘭經》（第十六章九十七節）

首先，男女在安拉面前是絕對平等的，男女行同樣的善會得同樣的報酬。真主創造了男性和女性，無論從生理上，還是心理上說，兩者都是不同的。然而，儘管這不是那麼絕對，女性對比男性較容易有情緒波動。因此，要找兩位女性，是為了她們相互提醒，並不是說她們地位較低。

另外，雖說女性能繼承財產，但女性只能繼承男性的一半，但這亦不是不公平。這是因為，女性不需要負責家庭的消費開支，因為家庭開支全由丈夫承擔，所以女性只取一半，也足夠花費。

清真飲食文化

伊斯蘭教有獨特的飲食文化，有些食物是不能吃的，有些飲品是不能喝的。從原則上說，伊斯蘭教只允許吃對身體有好處和對健康有益的食物，以及禁止吃所有有害的東西。在《古蘭經》中有明確記載：

「你們可以吃真主賞賜你們的合法而佳美的食物，你們應當感謝真主的恩惠，如果你們只崇拜祂。」《古蘭經》（第十六章一百一十四節）

由於《古蘭經》是穆斯林的行為準則，只要明文列明禁止的，穆斯林都不會吃，但即使經文內沒有明說的，穆斯林亦不會貿然進食，大多選擇不吃。具體說，以下這些食物不能吃：

「祂只禁戒你們吃自死物、血液、豬肉，以及誦非真主之名而宰的動物；凡為勢所迫，非出自願，且不過份的人，（雖吃禁物）毫無罪過。因為真主確是至赦的，確是至慈的。」《古蘭經》（第二章一百七十三節）

自死物即不明原因自動死亡的動物，這和禁吃血液一樣，都是為了健康及衛生。所有帶有獠牙的猛獸以及帶利爪的兇禽，奇形怪狀、污穢的動物都是禁止的。

為何不吃豬肉呢？因為真主禁止穆斯林吃。

「你說：『在我所受的啟示裡，我不能發現任何人所不得吃的食物；除非是自死物，或流出的血液，或豬肉——因為它們確是不潔的——或是誦非真主之名而宰的犯罪物。凡為勢所迫，非出自願，且不過份的人，（雖吃禁物）毫無罪過，因為你的主確是至赦的，確是至慈的。』」《古蘭經》（第六章一百四十五節）

豬是不潔的，豬最愛吃一些不衛生的食物，牠住的地方也髒，所以豬肉是不健康的肉食。曾經有人希望加入伊斯蘭教，他說他對伊斯蘭教的教義十分認同，但只有一個困難，就是他無法放棄吃豬肉。我說：「戒豬肉可以慢慢來的。如果你有這個信仰的話，你會慢慢地就戒掉了，不需要擔心。」其實這道理就像穆罕默德*傳教時一樣，他不會一開始就說不可以怎樣怎樣，最重要是首先相信造物主，然後一步一步實行戒條。只要信仰堅定了，敬畏真主的心增強了，所有教規都能遵守。

另外，可食動物（除海鮮外）都需要經伊斯蘭教法規定的屠宰方式處理才可以吃。穆斯林宰殺這些動物時，要誦唸：「奉安拉的尊名，安拉至大！」也就是奉安拉之命而宰，而且，動作要快，一刀要斷食管、氣管和兩條血管，免得動物受更多痛苦。另外，由於不能吃血液，所以應該把所有血都放出來。用這種方式屠宰的肉類被稱作 **Halal** 肉食，中文稱為「清真」，**Halal** 這字的意思是「合法的」，即符合伊斯蘭教法。

這些肉類會被貼上標籤或有證書，穆斯林才敢放心食用。被認可食品上亦會寫上 **Halal** 的字樣。因為真主說：

「你們不要吃那未誦真主之名而宰的，那是犯罪。」《古蘭經》（第六章一百二十一節）

但是不是食品在生產時是清真就可以呢？其實也不盡然。除了生產外，食品在包裝、加工以至運輸的過程中，都不可以受到污染。如果在處理食品過程中，被非清真的食品（如豬肉）感染，那食品將會變成了被禁的食品，即 Haram：是「禁止」、「非法」的意思，也就是不符合伊斯蘭教法的食物。

海產品，都是合法食物，屬於清真食品。因為真主說：

「海裡的動物和食物，對於你們是合法的，可以供你們和旅行者享受。」《古蘭經》（第五章九十六節）

植物類，除有毒有害者外，都是合法食物，屬於清真食品。因為真主說：

「真主准許（你們）吃佳美的食物，禁止（你們）吃污穢的食物。」《古蘭經》（第七章一百五十七節）

可食飛禽的蛋，以及可食動物的奶，都是合法食物，屬於清真食品。

不過，如果當個人生命受到威脅，為了保護生命，吃這些禁食之物是沒有罪過的。除了食物外，穆斯林禁止飲用所有含有酒精的飲品，禁止吸食毒品和煙草。《古蘭經》明文禁止飲酒。

「信道的人們啊！飲酒、賭博、拜像、求籤，只是一種穢行，只是惡魔的行為，故當遠離，以便你們成功。」《古蘭經》（第五章九十節）

服飾文化

「你對信士們說，叫他們降低視線，遮蔽下身，這對於他們是更純潔的。真主確是徹知他們的行為的。」《古蘭經》（第二十四章三十節）

「你對信女們說，叫她們降低視線，遮蔽下身，莫露出首飾，除非自然露出的，叫她們用面紗遮住胸膛，莫露出首飾……」《古蘭經》（第二十四章三十一節）

受不同文化影響的穆斯林服飾示意圖

伊斯蘭教對男女的衣着都有要求，因為作為一個有尊嚴的人，就應該要遮蓋身體。服裝的規定對男性較寬容，對女性較嚴格。男性至少由肚臍到膝蓋的位置，要用衣或布遮蓋；女性則除了臉和手外，其他地方都要遮蓋。伊斯蘭教認為這是對女性的保護和尊重，因為女性暴露的身體部位愈多，愈容易引起異性的注意。另外，穆斯林男性不能穿真絲做的衣物，也不能戴金製的飾物，女性則可以。

有些地區的男性一般會戴圓頂的帽子，但這不是非戴不可。女性則要戴頭巾，這則是必須的，頭巾的布料和顏色可以自行選擇，重點是把所有頭髮都蓋着。

這些規定都不代表禁止穆斯林打扮，但是禁止男扮女、女扮男。另外，有些國家的女性，她們會用面紗遮蓋臉部，只露出眼睛，這並非是伊斯蘭教教法的規定，而只是受當地民族文化影響。

伊斯蘭藝術的發展與其王朝的更迭息息相關，曾在不同時期吸收了其他文明的藝術文化養份，大致可分為全盛時期、發展多元化時期及傳統復興時期。其中建築、書法、瓷磚鑲嵌、織毯工藝、書籍裝潢等都與伊斯蘭教有關。

由於伊斯蘭教嚴禁繪畫真主安拉及先知的形象，禁止偶像崇拜，於是促成伊斯蘭藝術轉向抽象方面發展，導致紋飾藝術的發達。這些由線框及色塊演變而成的各種幾何圖形，或連綿不斷的植物紋樣，象徵了循環往復、生生不息，以及真主無始無終的全能，從而反映了伊斯蘭藝術崇尚繁複、不喜留白的獨特審美。更重要的是，伊斯蘭教認為，相當於無有的空白並不存在，真主無時無處不在。

隨着東征西伐而逐漸形成統一的伊斯蘭帝國，穆斯林受到征服地羅馬的拜占庭文化和波斯藝術的影響，因而開創了富有特色的阿拉伯－伊斯蘭藝術，並以阿拔斯王朝（七五〇至一二五八年）的五百年最為鼎盛。這時期的主要代表是城市建築的裝飾藝術，如薩馬拉（Camapa）城的建築出現了山形花邊、植物紋飾和幾何紋飾，其影響更及至非伊斯

大馬士革的伍麥葉清真寺以工藝精湛見稱，寺內外佈滿幾何圖案及植物紋飾。

十五世紀伊朗寓言故事集《卡里萊和迪木奈》插圖《草地上的牛》

十二三世紀波斯製造的有鳥形圖案及紋飾的瓷碟，工藝精湛。

蘭地區的中世紀西方藝術。

往後近千年間，統一的伊斯蘭帝國分裂為不同的王朝，所以伊斯蘭藝術文化開始多元化發展。例如埃及穆斯林喜用木塊、象牙或珍珠鑲嵌家具日用品；開羅建造有寬敞庭院、阿拉伯文雕飾的小窗及球狀拱頂的宣禮塔；敘利亞以玻璃器皿極負盛名；而波斯在雕刻、地毯上亦有所發展，更在建築中發展出圓拱型屋頂、山形花邊、文字紋飾、幾何圖案、椰棗樹葉等裝飾要素，以及產生早期伊斯蘭細密畫派（書籍中插圖，色彩艷麗）等。

西元一四五三年，鄂圖曼帝國（一二九九至一九二二年）攻陷了東羅馬帝國的首都君士坦丁堡，重新統一了分裂了近四百年的伊斯蘭世界。差不多同一時間，與波斯的薩法維王朝（一五〇二至一七二二年）及印度的莫臥兒帝國（一五二六至十九世紀末）各為中心。它們既傳承了伊斯蘭的傳統，又各自創新。這時波斯以陶瓷、織品、地毯、金屬工藝和書籍裝潢，聞名於世。印度帝國歷任統治者，皆以「伊斯蘭教的保護者」自居，並在建築、繪畫、音樂、文學、詩歌等方面，取得非凡的成就。而遊牧民族出身、喜汲取外來文化的突厥鄂圖曼人，則吸收了拜占庭文明，例如把佔領的君士坦丁堡的東正教聖

鄂圖曼蘇丹征服君士坦丁堡後，下令將聖索菲亞教堂改為清真寺。

突厥鄂圖曼人吸收了中國瓷器的藍色，作為自己裝飾的主色。

索菲亞教堂（Hagia Sophia）改為清真寺，又吸取中國陶瓷特有的藍色作為自己的裝飾主色。

隨着伊斯蘭教的興起與發展，穆斯林需要集體做禮拜，因此首先有清真寺（Masjid）的興建。Masjid 是阿拉伯文，直譯為：叩頭的地方，即禮拜的場所。早期的清真寺十分簡陋，主要作為穆斯林禮拜真主的淨地，內有一個標誌禮拜朝向（面向麥加克爾白）的位置，阿拉伯文稱 Mihrab，音譯「米哈拉布」，中文稱壁龕。另外還有一個講台，阿拉伯文稱 Minbar，音譯「敏拜爾」，每逢星期五聚禮（主麻）時，是教長（伊瑪目）講經的地方。教長即是主持清真寺宗教事務和領拜的人。後來發展下去，體現伊斯蘭教的主要建築有四種，分別是清真寺、陵墓、宮殿和要塞。其實伊斯蘭教禁止大興土木建造墳墓，但在有些地方，墳墓建造得很壯觀，亦的確體現了伊斯蘭建築特色，比如印度的泰姬陵。

西元六二二年，穆罕默德＊及追隨者因受到的迫害愈來愈厲害，於是他們決定從麥加遷

麥加大清真寺，又名禁寺，原意是禁止（暴力行為）的清真寺，是世界上最大的清真寺。

往麥地那（距麥加三百二十公里），並在當地建了伊斯蘭教歷史上第一間清真寺——庫巴清真寺。該寺最早是四面坯牆的庭院，以兩排椰棗樹幹遮蔭。翌年，穆罕默德*依據啟示，規定以麥加的克爾白為禮拜的朝向，是全世界的穆斯林禮拜時都要遵守的方向。

一般清真寺建築包括禮拜殿、潔淨室、庭院、正面牆、壁龕、講台、宣禮塔、拱頂及券門等形制。禮拜殿是清真寺的主要部份，由支柱托起拱頂，外形多樣。因為伊斯蘭禁止崇拜偶像，殿內沒有人物畫像。壁龕是清真寺正面牆（朝向麥加禮拜的牆壁）上圓拱門形或尖券門形的凹形閣屋，裝潢特別講究。講台是供伊瑪目講經站立之地，形似階梯，一般是木製，三至十級都有，兩邊有扶手，背面是象徵清真寺的拱形頂裝飾。宣禮塔是用來召喚穆斯林禮拜的高塔，一般是頎長巍峨，各種形制都有，如四方體、螺旋狀、多棱狀、圓柱體及雙頂等。大堂內尚有由阿拉伯文書寫的經文匾額、地毯、燈具、時鐘、經書架、唸珠鏈、禮帽，以及為老人及不便者提供的禮拜座椅等。

麥加大清真寺（Great Mosque of Mecca）是伊斯蘭教第一大聖寺，亦稱作禁寺，位於沙特阿拉伯麥加城中心，佔地三十五點六萬平方米，可容納二百多萬名穆斯林同時做禮拜。它之所以成為穆斯林最神聖的地方，是因為伊斯蘭規定，每位有能力的穆斯林，一

麥地那的先知寺，是伊斯蘭教史上的第二座清真寺，最初由先知穆罕默德*參與建造。

耶路撒冷圓頂清真寺是八角形與圓拱頂的巧妙結合

生中必須到麥加朝覲一次，是為「五功」之一。朝覲於每年伊斯蘭曆十二月第八至十二天舉行，全世界數以百萬計的穆斯林都會蜂擁而至，朝覲這裡的克爾白天房。

第二大聖寺是麥地那的先知寺（Mosque of the Prophet），亦同時是繼庫巴清真寺後，伊斯蘭的第二座清真寺，始建於西元六二二年。該寺是穆罕默德*在麥地那生活、傳教、禮拜和討論軍政事務的地方。先知寺本來是在穆罕默德*家的旁邊，他去世後葬在自己家裡，後來先知寺擴建，他的家便在寺裡邊了。早期先知寺異常簡陋，僅是由起居住房和平日活動的露天庭院組成，上以樹枝樹葉遮擋太陽。先知寺開始時朝向耶路撒冷，後改為朝向麥加。後經多次擴建，已成為一佔地一萬六千多平方米，可容納一百多萬人做禮拜的建築群。

伊斯蘭教的第三大聖寺，是位於耶路撒冷老城聖殿山的阿克薩清真寺（Al-Aqsa Mosque）（圖片見頁一二三）。阿克薩，意為極遠之意，亦稱遠寺，原本由先知蘇萊曼（所羅門）*所建，之後便倒塌了，直至八世紀初才在原址重建。這間聖寺是伊斯蘭教禮拜初期所朝向的地方，亦是穆罕默德*遠行耶路撒冷登霄的地方，《古蘭經》亦有所記載。此後，耶路撒冷便被穆斯林視為聖城。阿克薩清真寺形制為圓拱頂及長方形大廳，禮拜堂分大

埃及伊本 · 圖倫寺以碉堡形作主建築，簡樸亦不失莊嚴。

面積偌大的突尼斯凱魯萬清真寺，是首個使用馬蹄形拱門的伊斯蘭建築。

西班牙科爾多瓦清真寺內的石券門及石柱林立，甚為壯觀。

小兩間，此寺並無宣禮塔。

另外，還有一座深受穆斯林尊敬的清真寺，是建於西元六九一年的耶路撒冷城圓頂清真寺（Dome of the Rock），因其大圓拱頂而得名。圓頂寺平面結構為圓形，由圓廊包圍圓頂，整體建築卻呈八角形，與其他清真寺截然不同。寺內佈滿裝飾性紋飾，包括抽象幾何紋飾，以及長達二十四米的庫法體飾帶，加上金色的圓拱頂，映襯在陽光之下，非常華麗耀目。

其他舉世聞名的清真寺，包括敘利亞大馬士革的伍麥葉清真寺（The Great Mosque of Damascus），以工藝精湛、雕樑畫棟而被譽為世界級的藝術寶庫；埃及的伊本·圖倫寺（Masjid ibn Tulun），以形狀奇特、外有螺旋形階梯的宣禮塔而聞名；北非突尼斯凱魯萬清真寺（Mosque of Kairouan），與麥加、麥地那及耶路撒冷的清真寺齊名，它的特色是禮拜堂面積巨大，高聳的宣禮塔形制獨特，遠遠便可看到；西班牙的科爾多瓦清真寺（Great Mosque of Córdoba），最特別之處是禮拜堂內石柱及石券門林立，共有一千二百九十三根，華麗壯觀，是世界建築藝術的奇蹟；埃及的愛資哈爾清真寺（Al-Azhar Mosque），同時是埃及伊斯蘭藝術博物館及最高學府，融會了伊斯蘭藝術的精華，其五個不同形制的宣禮塔，皆建於不同時代，相當罕見；伊拉克的蘇萊曼尼亞清真寺（Soleimani Mosque），是鄂圖曼帝國黃金時代的標誌，將征服地君士坦丁堡的聖索菲亞教堂改建而成，寺內有二十八個拱頂，氣勢恢宏，被譽為「最華麗堂皇的紀念碑」；以及摩洛哥的哈桑二世清真寺（Hassan II Mosque），位於海濱城市卡薩布蘭卡（Casablanca），形體宏大，禮拜大殿金碧輝煌，被譽為「世界第八大奇蹟」。

中國的清真寺

隨着伊斯蘭教傳入中國的不同階段，中國的清真寺也顯示出不同的特色。第一階段為傳入時期，自唐永徽二年（西元六五一年）第三任哈里發遣使到中國訪問開始，至宋末的六百年間，當時阿拉伯及波斯商人經陸上及海上絲綢之路到達中國。由於留在中國居住的穆斯林人數愈來愈多，為了禮拜的需要，中國開始出現清真寺。比較著名有廣州的懷聖寺（始建於唐初）、西安的化覺巷清真大寺（始建於唐中葉）、北京的牛街禮拜寺（始建於遼）、泉州的清淨寺（始建於北宋）、揚州的仙鶴寺（始建於南宋）、杭州的鳳凰寺（約始建於唐或宋）。當時的清真寺大多是阿拉伯人所建，因此仍保留了較多阿拉伯元素，諸如拱券或拱頂、宣禮塔及大門採用石磚而非中國人常用的木結構，內部亦多採

西寧東關清真寺，充份體現伊斯蘭及中國的建築特色。

初建於元代的牛街禮拜寺內的裝飾，可以看到明顯的伊斯蘭遺風。

用植物及阿拉伯文字組成的紋飾等。

第二階段為元代的發展時期，當時大量來自阿拉伯及波斯的穆斯林到中國並定居，於是推動了回族的形成，這一時期，中國清真寺的數目遠遠超於上一時期。據史書記載，元大都就有清真寺三十五座。此時興建的清真寺雖然在外觀上仍保留了阿拉伯形制，但已開始吸收中國傳統建築佈局及木結構的手法，因而是具中國特色的伊斯蘭建築。可惜此時期的清真寺並未有保存下來。

第三階段是明代至清末近五百年間的全盛時期，伊斯蘭教在中國得到較大的發展，並逐步形成了以信仰伊斯蘭教為核心的十多個少數民族，如回族、維吾爾族、哈薩克族等，主要分佈在中國西北的新疆維吾爾自治區、寧夏回族自治區，以及甘肅、青海和雲南一帶。而現存的清真寺大多是這一時期始建或重建的。

此時伊斯蘭文化既進一步與中國本土文化融合，又因應不同少數民族的民族特色，而出現了不同形制及風格的清真寺、陵墓及道堂等。較為著名的有青海西寧的東關清真大寺（始建於明初）、寧夏回族自治區的同心清真大寺（始建於明初）、新疆喀什的艾提卡爾大寺（始建於明中葉）、北京東城的東四清真寺（始建於明中葉）、山東濟寧的清真東大寺及柳行東寺（始建於明中葉）、山東濟寧的清真西大寺（始建於明末）、山東濟南清真北大寺（始建於清初）及紅河哈尼彝族自治區的沙甸白房子清真寺（始建於清初）等。

阿拉伯書法

阿拉伯書法在伊斯蘭文化中佔有很重要的位置。阿拉伯文是阿拉伯民族共同使用的語言，也是全球穆斯林在宗教生活中所使用的語言。阿拉伯文二十八個字母，從右向左書寫。穆斯林非常重視阿拉伯文書法，因為要謄抄《古蘭經》，各個時期都出現了很多書法家，形成了不同的書法體。

阿拉伯的書法體有庫法體（Kufic Calligraphy）、納斯赫體（Naskhi Calligraphy）、迪瓦尼體（Diwani Calligraphy）、蘇魯斯體（Khatt Thulthi）、魯克阿體（Ruqā）、波斯體、花押體、中國體等多種字體，而不同書法體的用途也有不同。

木刻版庫法體，更顯其棱角分明，多用於碑文或建築。

納斯赫體，類似中文書法的「小楷」，常用於抄寫《古蘭經》。

蘇魯斯體，類似中文書法的「大楷」，常用於《古蘭經》的章節標題。

魯克阿體，相當於中文書法的「草書」，多用於日常生活及公文。

迪瓦尼體，裝飾性強，常用於報章雜誌賀辭及文章標題。

庫法體是以伊拉克的庫法城命名的，是阿拉伯書法中最古老的裝飾字體。由於庫法體多直筆，起筆及收筆稜角分明，所以又被叫作「稜角體」，常用於碑文或者建築裝飾的字體。大約十世紀，它已脫離了書法的規範，成為一種純裝飾的語言，並成為伊斯蘭藝術中最重要的紋飾（另外兩種是幾何圖案及藤蔓的紋飾）。直至十一世紀前後，才由較靈動自然的納斯赫體佔主導。

納斯赫體，本意是抄寫、謄抄，故也稱為「謄抄體」，類似中文書法中的「小楷」。納斯赫體是目前最廣泛常用的字體，它的書寫特色是字體較小，字裡行間布局勻稱，筆法較多曲線，書寫起來生動多變，氣韻非凡。大約十世紀開始，民間便出現了以納斯赫體抄寫《古蘭經》的主流。

蘇魯斯體，是阿拉伯語 Thuluth 的音譯，意為三分之一，因為它每個字母都傾斜三分一，故又名「三一體」。它在十一世紀出現，是由納斯赫體發展而成，類似中文書法的「大楷」。蘇魯斯體，字體大，修長而雄秀，裝飾性強，通常用於書名、《古蘭經》的章節標題、匾額等。其書寫特點是以側四十五度的正方點，作為字母筆劃尺寸的依據，為了使書體更豐滿、靈動，亦會用標音符號作修飾，書寫難度較大。

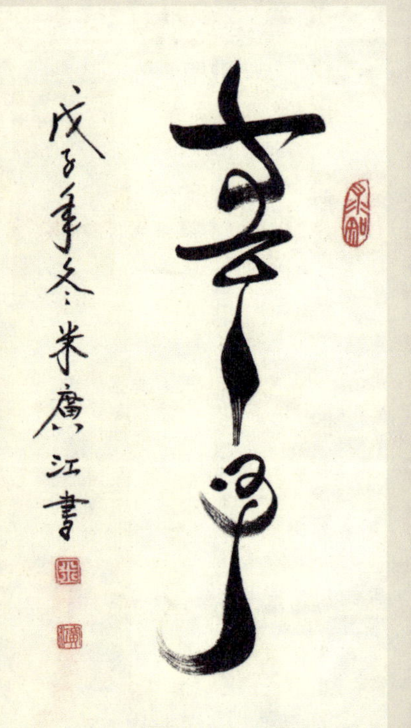

中國體，以中國人的毛筆書寫阿拉伯文，特點是粗線條，再融合不同字體的風格。（米廣江書）

波斯體，即用波斯文的寫法寫阿拉伯文，波斯體字母筆畫粗細及長短懸殊。

花押體，多用於簽名。圖為鄂圖曼帝國第十代君主蘇萊曼大帝的簽名。

迪瓦尼體，西元一四五三年鄂圖曼帝國遷都伊斯坦布爾（前君士坦丁堡）後，成為官方字體。因為它主要用於公文上，故又稱「公文體」。同時，它也為報紙雜誌賀辭及文章標題所用。迪瓦尼體的特點是字母疏密錯落，筆劃直少彎多，且連貫游動，形成整體造型飽滿清奇，神采飛揚。而用筆更豪放，在作品虛位增加發音符號和裝飾性小圓點，以更美化畫面的書法體，叫加利迪瓦尼體。

魯克阿體，意為「寫便箋」，相當於中文書法中的「草書」，是一種簡便、大眾化的書法體。早在西元一四四六年由土耳其鄂圖曼帝國的政府職員發明，至四百年後被確立為一種書法體。由於它可以連筆，書寫速度較快，又易於辨認，所以時至今天，仍是政府機關及民間使用最廣泛的書體。

波斯體，是波斯人（今伊朗人）按照寫波斯文的方法書寫阿拉伯文。這種波斯風格便是喜歡用延伸拖長的筆法。自十二世紀起，波斯人、阿富汗人、巴基斯坦人及印度人，已開始廣泛使用這種書體。波斯體字母的筆劃粗細、長短懸殊，詞句間隔又鬆緊不一，所以書寫一件作品時需要用大、中、小三種筆，以便因勢而為。

科學文化

花押體，相當於中國的印璽或簽字。它筆法特點是把書法線條與繪畫造型合二為一，作品中心部份有三個較長的豎筆，以及揉合蘇魯斯體與加利迪瓦尼體，或簽署體與迪瓦尼體而進行創作。

中國體，是以中文書法使用的毛筆書寫的阿拉伯文。它以粗線條為特徵，融合了蘇魯斯體、納斯赫體、波斯體及迪瓦尼體的書寫技巧，多見於中國大多數地區的清真寺。

伊斯蘭發展的學科，總是與功修相關。例如地理及地圖學，主要是因為穆斯林朝覲時要找方向，以及禮拜時要朝向克爾白，所以必須要對方向及地形有充足的了解。

另一個受重視的學科是天文學，因為無論禮拜的時間還是開始與結束齋戒的日子，他們都需要觀天象（望月）以定功修的時間。在七世紀才出現的穆斯林當然不是第一個研究天文學，但他們卻在九世紀就建立了觀景台，是第一個大規模用天文儀器研究天象的群體。

由於有這客觀條件，於九二九年去世的天文學家及數學家巴塔尼（Al-Battani）在研究星體的軌跡時，更進一步大大引用了三角學作為研究的方法，而他亦是第一個用「Sine」和「Cosine」說明三角形的性質。縱使當時這兩字只被他視為長度，而不是現今認知的三角形比例，但亦可見到他在科學領域的重要性。

除了天文學外，被公認是創立化學的是阿拉伯的煉金術士賈比爾（Jabir ibn Hayyan）。他不單在八世紀就已經發現了硫酸、硝酸，為現代化學帶來重要的貢獻，他更研究了一些化學物質如何被合成後，並不是消失，而是組成一些未必用肉眼能看見的新元素，這對於當時來說是劃時代的發現。

伊斯蘭科學事實上伴隨着黃金時代的「翻譯運動」而興起。「翻譯運動」是指把其他語言的經典名著大規模翻譯成阿拉伯文的文化運動，更為此成立了名為「智慧之家」的圖書館和翻譯機構，而這大大增加了不少阿拉伯文的科學文獻。

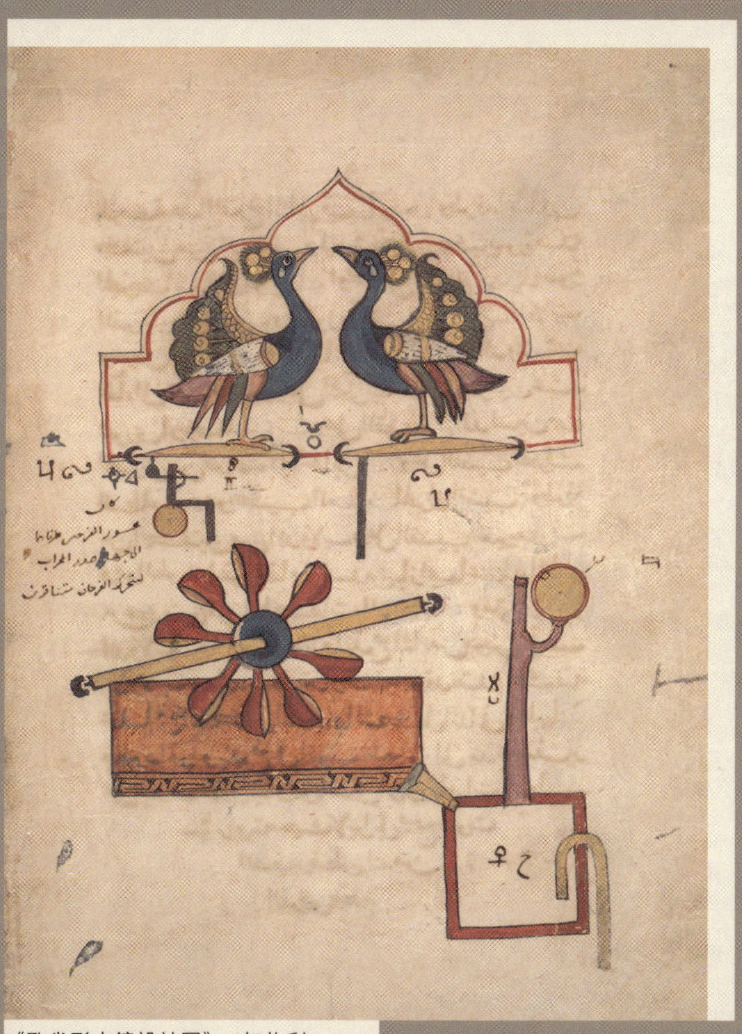

《孔雀形水鐘設計圖》，加扎利（Al-Jazari）繪，十一世紀末至十二世紀初。原理是讓水流動半小時後，便會觸發讓兩隻孔雀鳴叫的機關。

感恩真主！拙作《了解伊斯蘭》由香港三聯於二〇二〇年出版發行，這是一本普及性常識讀物，確得到了社會各界的關注和重視，教內有善長購買贈送親朋好友，更有善長購買贈送予教育局分發給全港中學作為伊斯蘭文明課程的參考書之一，阿拉伯聯合酋長國駐港總領事館還專門為此書邀請專家學者舉辦了網上座談會，《亞洲週刊》、《南華早報》、《英文虎報》、香港電台及不同的網上書店和網絡媒體等都給予了報道，這無疑是對作者的一種鼓勵和鞭策。

今年初接到香港三聯出版經理李毓琪小姐的電話，她說三聯準備再版此書，本人十分感激，對三聯致力於傳播多元文化，深感敬佩。

為使拙作能夠吸引更多讀者，本人冒昧邀請著名回族作家張承志老師題寫書名，不料他老欣然答應。著名阿拉伯文書法家米廣江老師也應邀題寫了阿拉伯文書名。又有幸邀請到兩岸三地的著名伊斯蘭學者：香港中文大學伊斯蘭文化研究中心主任傅健士教授、上海外國語大學中東研究所所長丁俊教授、台北清真寺教長趙錫麟博士，分別為拙作寫了推薦序言。對他們在百忙之中抽空題字寫序深表感激並致敬意。

本書在再版過程中，對李毓琪小姐、寧礎鋒先生、羅文懿小姐所付出的努力和辛苦表示衷心的感謝。

是次再版對書中的錯漏之處作了修訂，同時也增補了少許內容，儘管花費了不少時間進行校對，但錯誤之處在所難免，尚望賢達批評指正。

奧斯曼・楊興本

二〇二四年十月二日

附錄《辭朝演說》

按語：《辭朝演說》是先知穆罕默德＊於伊斯蘭曆十年十二月九日（西元六三二年三月）在阿拉法特平原的仁慈山發表。因為這次是先知穆罕默德＊最後一次朝覲，所以後人便稱其為《辭朝演說》，即辭別朝覲的意思。這次演說的內容涵蓋了伊斯蘭的基本教義、世界觀及人生觀，同時也涉及社會、民生和基本人權，因此亦被稱為最早的人權宣言。

奉普慈特慈安拉的尊名

在讚頌真主之後，先知說：

「人們啊！請聽我說，今年之後，我的確不知道，我能不能在這裡再次和你們相聚。

人們啊！的確，你們的生命、財產和名譽都是不可侵犯的，正如今日、本月和本地都不可侵犯一樣。的確，你們將來要面見真主，真主將審問你們的行為。我已經傳達給你們了！你們中誰受託保管的財物，應當把它歸還原主。

的確，蒙昧時代的所有高利貸利息，全部廢除，但是，你們只能索回本金，你們不要虧待人，也不要被虧待。真主判決，禁止利息，我首先廢除我的叔父阿巴斯·本·阿布杜穆台利布所放的高利貸的全部利息。

蒙昧時代的血債全部勾銷，我首先勾銷的血債是伊本·勒比阿本·哈里斯·阿布杜穆台利布的血債。

人們啊！的確，惡魔對要你們在這片大地上崇拜牠，已經徹底絕望了。但是，惡魔仍將會在大小事情上誘惑你們作惡。所以，在宗教事務上，你們一定要警惕惡魔的誘惑。

人們啊！的確，對於你們的女人，你們有某些權利；對於你們，她們也有某些權利。嚴禁她們與其他男人有不正當的行為。如果她們越軌做了明顯的醜事，真主允許你們管教她們，可以和她們同床異被，但不可以過份。如果她們認錯悔過，你們就應當善待她們，給她們供給足夠的食物和衣物，你們應當勸告她們行善，她們確是你們的助手，而她們又無力照顧自己。的確，她們是真主交給你們的信託，你們應當好好保管，善待她們，你們憑藉真主的許可而與她們結為夫妻。

人們啊！信士皆兄弟。一個人不可拿任何人的財物，除非他自願贈予。

人們啊！的確，你們的養育之主是獨一的，你們的祖先是一個，你們都是阿丹（亞當）*的後裔，阿丹*是真主用泥土創造的。『在真主看來，你們中最尊貴者，是你們中最敬畏者。』（《古蘭經》第四十九章十三節）阿拉伯人不比非阿拉伯人尊貴，非阿拉伯人也不比阿拉伯人尊貴；白人不比黑人尊貴，黑人也不比白人尊貴。除非憑藉對真主的敬畏。

人們啊！在我之後，你們不要叛教，不要互相殘殺。我給你們留下兩樣東西，只要你們緊緊抓住這兩件法寶，你們就絕不會迷誤：（這就是）真主的經典（《古蘭經》）和我的聖行（聖訓）。

人們啊！今天在場的人要向那些不在場的人傳達我說的一切，但願那些被傳達的人比在場聽講的人還要認真用心。真主啊！祈求祢見證！我已經傳達了！」

這時，人們異口同聲地說：「真主的使者啊！你確已傳達了。」

參考書目

1001 Inventions: The Enduring Legacy of Muslim Civilization, Edited by Salim T.S Al-Hassani, National Geographic, 2012.

Islam and Muslim Art, Alexandre Papadopoulo, Thames And Hudson, 1980.

Muslim Community in Hong Kong, The Incorporated Trustees of the Islamic Community Fund of Hong Kong, 2015.

The Changing Global Religious Landscape, Pew Research Center, 2017.

《中國回族千年演變發展史略》，哈志．張兆理著，一九九一年。

《中國伊斯蘭百科全書》，四川辭書出版社，一九九六年。

《天啟的智慧：〈古蘭經〉分類簡明讀本》，馬仲剛編，伊斯蘭文化協會（香港）有限公司，二〇一二年。

《伊斯蘭文化面面觀》，中國社會科學院世界宗教研究所主編，齊魯書社，一九九一年。

《伊斯蘭教節日和禮儀》（伊斯蘭教小叢書系列十二），香港伊斯蘭聯會，一九九九年。

《伊斯蘭藝術》，河北教育出版社，二〇〇三年。

《阿拉伯文書法藝術》，穆罕默德．尤素夫．陳坤著，蘭州大學出版社，二〇〇六年。

《香港華人穆斯林的宗教團體與社會活動》，收錄於《香港中國回教協會六十周年特刊 *1949-2009*》，馬建釗著，香港中國回教協會。

《最後的先知：穆罕默德的生命面貌》，法士拉．葛蘭著，希泉出版，二〇一四年。

《穆斯林手冊》，香港伊斯蘭聯會，二〇一八年。

《讀懂伊斯蘭》，茹給葉．華莉絲．馬克蘇德著，寧夏人民出版社，二〇一七年。

香港清真寺及回教墳場導賞

舊九龍清真寺的明信片

最早來港的穆斯林主要是來自印度的士兵、勞工或商人，他們大約在十九世紀七十年代開始來港工作及居留。於是便有需要興建清真寺，以供他們禮拜之用，而殖民地政府亦因此批地作伊斯蘭教墳場之用。隨着社會的發展和變遷，穆斯林教眾愈來愈多，亦因此需要不同特色的建築切合宗教需要。現時，香港共有五間清真寺，分別是中環的些利街清真寺、尖沙咀的九龍清真寺、灣仔的愛群清真寺、赤柱清真寺和柴灣清真寺。伊斯蘭教墳場則有兩個，分別是跑馬地回教墳場和柴灣歌連臣角回教墳場。

部份圖片來源： 香港回教信託基金總會

參考資料

《嶺南地區清真寺建築設計研究》（碩士學位論文）馬宏斌
《伊斯蘭教墳場》衛奕信勳爵文物信託
http://www.rtedu.hk/minorityhistory/html/muslim.html

些利街

清真寺

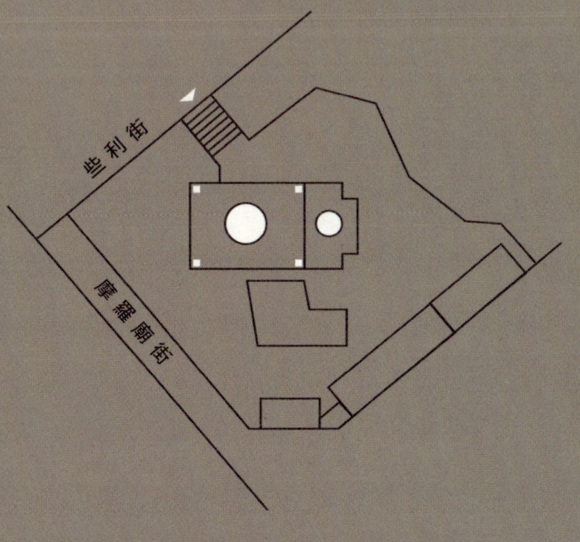

○ 中環半山些利街 30 號

年份	1849 年初建；1915 年重建
主體高度	15 米
禮拜殿面積	約 250 平方米，可容納約 300 人
宣禮塔	1 個
穹頂	1 個

這是香港第一間清真寺，又稱回教清真禮拜總堂。初建時只是一間小石屋，後由印度孟買穆斯林慈善家重建，當時主要的使用者是隨東印度公司到港的印度穆斯林，因此建築風格帶有較濃的印度特色。禮拜堂內充滿幾何及植物紋飾，以及尖拱頂的門窗。現被古物古蹟辦事處列為一級歷史建築。

建築前方的兩條石柱是初建時的建築，其餘綠色的部份則是 1915 年重建時新加的。

宣禮塔上的是星月標誌，但要留意「星月」並不是自伊斯蘭興起時開始使用的符號，而是到後來鄂圖曼帝國時期才開始使用。

建築的最前端是宣禮塔，往時會有喚禮者在塔上呼喚教眾禮拜，但現在已沒有這做法了。

清真寺的裝飾以橢球體為主，並不是像土耳其風格般採用較渾圓的球體，體現印度風格。

壁龕在牆身嵌入了一小空間，宣講台則在壁龕的右側。

清真寺的大門，是全香港唯一一間除主建築外，有庭園空間的清真寺。

大門正上方的門頭寫有伊斯蘭史上第一座清真寺庫巴清真寺建立時降示的經文：「從第一天起就以敬畏為地基的清真寺，確是更值得你在裡面做禮拜的。」《古蘭經》（第九章一百零八節）

位於壁龕上方的經文：

左：「死亡之前趕快懺悔。」（出自聖訓）
中：「你們當爭先趨赴從你們的主發出的赦宥，和那與天地同寬的、已為敬畏者預備好的樂園。」
　　《古蘭經》（第三章一百三十三節）
右：「時間未過之前，趕快日做禮拜。」（出自聖訓）

宣講台從 1915 年開始使用至今

穹頂內部，少量的光線可從穹頂照射至禮拜殿內。

穹頂的外部，其玻璃上寫着真主的尊名。

九龍清真寺

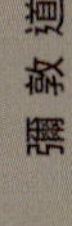

○ 九龍尖沙咀彌敦道 105 號

年份	1896 年初建；1902 年重建；1984 年再重建
主體高度	15 米
禮拜殿面積	約 1,500 平方米，可容納約 2,000 人
宣禮塔	4 個
穹頂	1 個

九龍清真寺是九龍區第一間清真寺。九龍公園的前身是威菲露軍營，由於當時英軍中有不少印度穆斯林士兵需要做禮拜，故在當地建了清真寺。 一開始時規模甚小，兩次重建後，現共有三層。九龍清真寺為圓拱頂，四角矗立十一米高的尖塔，禮拜堂內有一大型吊燈，四周窗花樣式多種多樣，是典型的伊斯蘭建築。

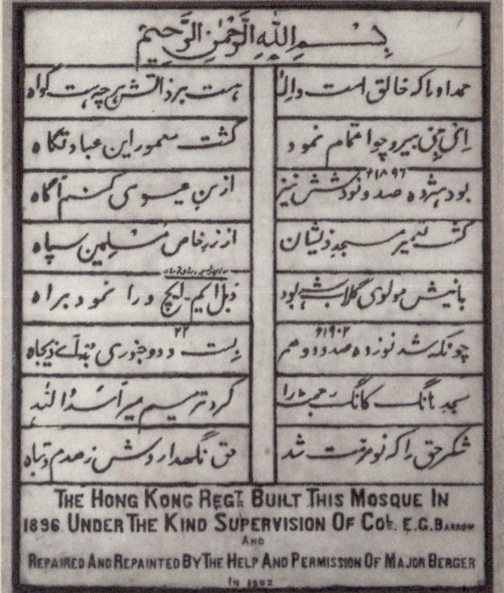

寫上清真寺建成年份的紀念碑

窗花滿佈不同紋飾，在陽光映照下格外迷人。

從禮拜殿三樓向下俯望，禮拜時使用上已劃好每人空間的地氈。

主麻時，教長站在宣講台向教眾宣講。按照慣例，教長會在宣講時手持一支木杖。

壁龕上寫上了清真言「除安拉外，絕無應受崇拜的。穆罕默德*是安拉的使者。」，而宣講台亦採用傳統的三層木製台階。

灣仔愛群清真寺

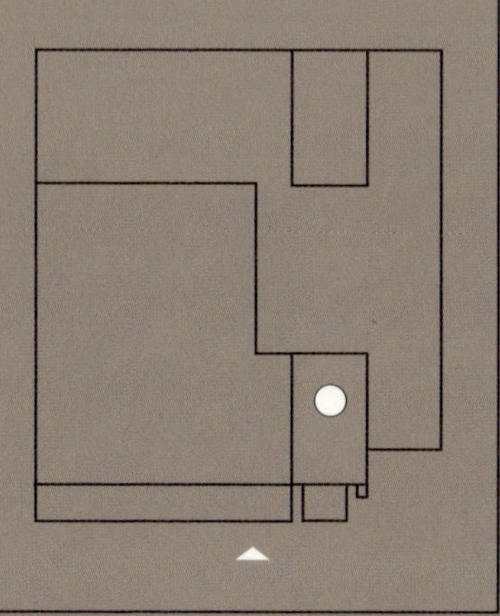

○ 香港灣仔愛群道 40 號

年份	1981 年落成
主體高度	39.2 米
禮拜殿面積	約 630 平方米，可容納約 800 人
宣禮塔	1 個
穹頂	沒有

一八七〇年七月五日，港英政府批出跑馬地一幅地皮作回教墳場，並建有小禮堂，而那就是灣仔愛群清真寺的前身。愛群清真寺樓高八層，樓下設有穆斯林幼稚園；一樓是男女淨室；二樓是男禮拜殿；三樓是女禮拜殿；四樓是教室；五樓是餐廳，可容納二百多人；六樓是圖書館和研討室；七樓設有大小會議室、辦公室及醫療室；八樓是香港回教信託基金總會和伊斯蘭青年協會的辦公室等。整幢大廈的設計較切合現代的實用性需求，似綜合性的大樓。

中钢
THE CHARTERHOUSE
愛群清真寺暨林士德伊斯蘭中心
MASJID AMMAR
AND
OSMAN RAMJU SADICK ISLAMIC CENTRE

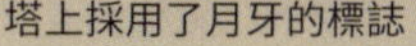

塔上採用了月牙的標誌

《麥加的落日》是以馬賽克鑲嵌，再現麥加克爾白的藝術品。

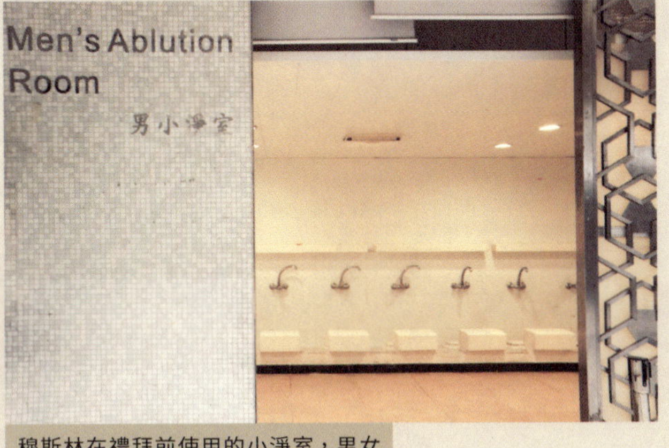

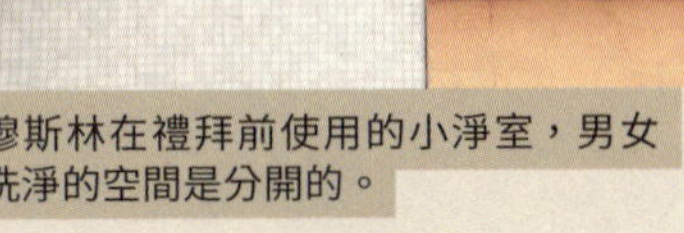
穆斯林在禮拜前使用的小淨室，男女洗淨的空間是分開的。

未入男禮拜殿前，門口先迎來三道門及三段阿拉伯文：

左：正人君子是和他所愛者同在。
中：除真主外，絕無應受崇拜的；真主是我的養育之主，也是眾世界的養育之主。穆罕默德*是我的聖人（祈求真主賜吉慶與平安予他）。
右：醫治所有疾病的主啊！

女禮拜殿設在上層，但仍可透過鐵欄看見下層的壁龕。

壁龕加建在牆身，右側設不常見的鐵製宣講台。

在禮拜時供行動不便的人使用的椅子

柴灣清真寺及回教墳場

○ 柴灣黑角頭歌連臣角道

年份	1963 年建成
主體高度	從缺
禮拜殿面積	從缺
宣禮塔	沒有
穹頂	1 個

柴灣清真寺位於柴灣回教墳場旁邊，初期主要是給寺旁的歌連臣角回教墳場作儀式之用，但自從該區興建了較多公共房屋，來此居住的穆斯林愈來愈多，故使用的人也較多。現被古物古蹟辦事處列為三級歷史建築。

主建築的二樓是禮拜殿，原本禮拜殿只佔樓層的一半，因此設有玻璃門，後來因人數眾多，整層都成為了禮拜殿。

壁龕同樣是嵌入一小空間，並沒有刻上經文。

清真寺提供公用帽子供穆斯林禮拜時使用，但禮拜時戴帽不是規定的禮儀，只是一種文化習慣。

清真寺設有串珠，供穆斯林唸誦讚詞時，記得唸誦的次數。

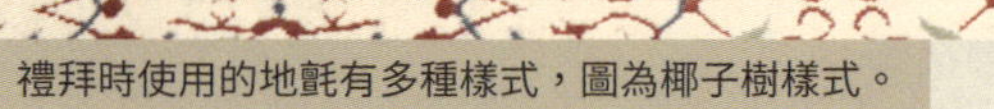

禮拜時使用的地氈有多種樣式，圖為椰子樹樣式。

柴灣回教墳場設在清真寺旁，而所有墓中亡者都是面朝向麥加天房。穆斯林捧起雙手為亡者祈禱。

墳場內有國民黨將領白崇禧岳母的墓碑，碑文亦是由白書寫的。

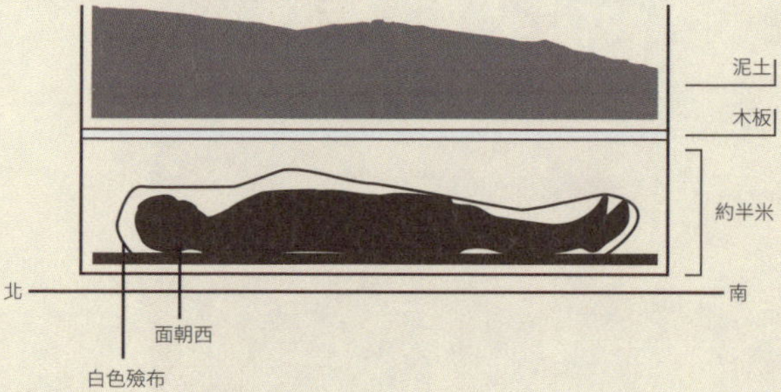

泥土
木板
約半米
北
南
面朝西
白色殮布

穆斯林入葬時，既沒有棺木，也沒有陪葬品，只是用殮布包裹着。

未安放遺體的墓位

赤柱
清真寺

○ 赤柱東頭灣東頭灣道 53 號

年份	1937 年建成
主體高度	從缺
禮拜殿面積	從缺
宣禮塔	沒有
穹頂	沒有

赤柱清真寺建在赤柱監獄旁，原本是供殖民時期在監獄工作的紀律部隊中的穆斯林職員做禮拜之用。現時這地方是在懲教署管轄的範圍，所以探訪時亦須辦理申請手續。

易卜拉欣清真寺

○ 旺角渡船街及山東街交界

年份	2013 年建成
主體高度	2.7 米
禮拜殿面積	270 平方米
宣禮塔	沒有
穹頂	沒有

易卜拉欣清真寺（亞伯拉罕清真寺之名實為中文翻譯之謬誤，特此更正）位於香港油尖旺區渡船街一高架橋下，為原本油尖旺區清真寺拆除後於此地址由合眾福利社出資重新搭建，以服務周邊教眾禮拜、授課和宗教活動。

الله أكبر
مسجد إبراهيم
MASJID IBRAHIM
HOI WANG ROAD, YAU MA TEI
亞伯拉罕清真寺

伊斯梅爾清真寺及社區中心

○ 東涌逸東邨德逸樓旁

年份	2010 年建成
主體高度	2.5 米
禮拜殿面積	150 平方米
宣禮塔	沒有
穹頂	沒有

伊斯梅爾清真寺及社區中心位於香港離島區東涌逸東街，由合眾福利社出資建設，在住宅區之間擁有一個獨立的院落。

MASJID ISMAIL (A.S) & COMMUNITY CENTER COMPLEX
伊斯梅爾清真寺及社區中心
合眾福利社香港有限公司
UNITED WELFARE UNION HONG KONG LIMITED

阿目蘇清真寺

○ 元朗錦上路元崗新村附近

年份	從缺
主體高度	2.7 米
禮拜殿面積	500 平方米
宣禮塔	沒有
穹頂	沒有

阿目蘇清真寺位於香港元朗區錦上路元崗新村附近。由阿目蘇教育基金會出資建設，為周邊穆斯林提供禮拜和聚會空間。

掃邦清真寺

元朗八鄉粉錦路橫台山遊樂場

年份	從缺
主體高度	2.5 米
禮拜殿面積	50 平方米
宣禮塔	沒有
穹頂	沒有

掃邦清真寺位於香港元朗區錦田橫台山附近，擁有一個獨立大院落，院落內有山上流下的活水，禮拜殿由集裝箱箱體改建。該清真寺同時還是中巴聯誼總會和亞洲福利基金會的地址，該清真寺也是由該組織籌建。

جامع مسجد الثوبان
Jamia Masjid Al-Sauban.
China Hong Kong and Pakistan
Fraternal Association
中巴聯誼總會
Asian Welfare Foundation, Hong Kong.
亞洲福利基金會

Jamia
Masjid Al-Sauban.
جامع
مسجد الثوبان

古蘭之光清真寺

○ 元朗錦田邱屋村

年份	從缺
主體高度	3.2 米
禮拜殿面積	260 平方米
宣禮塔	沒有
穹頂	沒有

古蘭之光清真寺位於元朗區錦田邱屋村，近錦田公路，由古蘭之光協會籌資建立，外部為板房結構，內部裝修華麗。其中敏拜爾（宣講台）自巴基斯坦訂購，整體為南亞風格裝潢。

NOOR UL QURAN
ASSOCIATION

賀善尼大廈

○ 中環雲咸街 69 號

年份	1976 年建成
主體高度	從缺
禮拜殿面積	從缺
宣禮塔	沒有
穹頂	沒有

賀善尼大廈位於香港島繁華的中環，身處雲咸街 69 號，是以穆斯林名字命名的大廈。另外，這裡還是聚居在香港的什葉派穆斯林宗教聚會和活動的場所。其三樓為一個大禮拜殿，供什葉派中十二伊瑪目支派禮拜聚會使用，大殿有什葉派特色的裝飾。九樓和十樓又分別有男女兩個禮拜殿，供什葉派中達吾迪．布哈爾支派禮拜聚會使用。

HOSEINEE HOUSE
賀善尼大廈
69 Wyndham Street

什葉派達吾迪・布哈爾支派的禮拜殿

什葉派十二伊瑪目支派的禮拜殿

跑馬地

回教墳場

○ 跑馬地厚德里

年份	1870 年起港英政府批出跑馬地一幅地皮作回教墳場

墳場依山而建，多層，內有辦公室和一小禮堂。入口原有門匾，上寫「回教墳場」的阿拉伯文。

المقابر الإسلامية

1

MUSLIM
CEMETERY
回教墳場

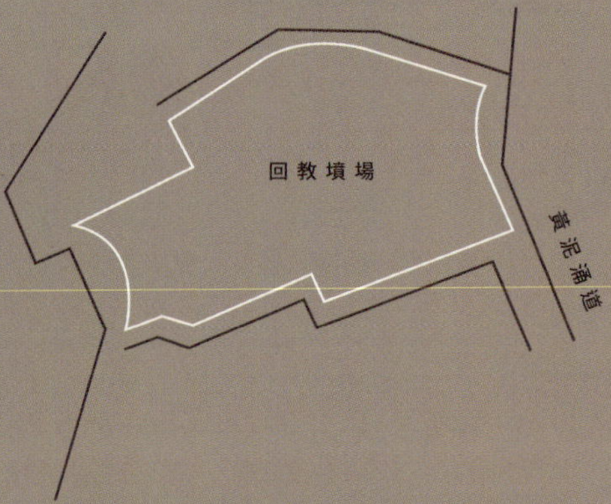

回教墳場

黃泥涌道

穆斯林亡者在香港安葬的方向須朝向西方的克爾白

舉行殯禮儀式的小禮堂裝潢十分簡單，
不像中式葬禮般有不同的擺設。

達吾迪·布哈爾穆斯林墳場

○ 跑馬地厚德里回教墳場內

年份	從缺

達吾迪·布哈爾穆斯林墳場位於跑馬地回教墳場內，為什葉派穆斯林專用墳場。

DAWOODI BOHRA
MUSLIM CEMETERY
NO PARKING
不准停泊

圖片出處

頁三六 | Pexels

頁五七 | 黑洪祿先生

頁七四 | 《中文譯解古蘭經》

頁八五、八八、八九 | 《穆斯林手冊》

頁一〇〇、一二三、一七一（上）、一七三 | Pixabay

頁一一五、一一九、二一五、二一六（右）、二二〇（上）、二二〇（右下） | 香港伊斯蘭聯會

頁一六二、一六五（上）、一六七（上）、一七一（下）、一七四、一七七 | iStockphoto

頁一六五（左下、右下）、一八三（右下） | 《伊斯蘭藝術》

頁一六九 | Unsplash

頁一八一、一八三（右上） | 《阿拉伯文書法藝術》

頁一八三（左） | 米廣江先生

頁一九五、一九七、二〇一、二〇九、二一〇、二一一、二一二、二一三、二二三、二三一、二三五 | Muslim Community in Hong Kong

頁一九六、二〇六、二一四 | 《嶺南地區清真寺建築設計研究》

頁二〇七、二三三 | 香港回教信託基金總會

頁二三二、二三三、二三五、二三七、二三九、二四〇、二四一、二四三、二四四、二四五、二五〇、二五一 | 李甲騏

了解伊斯蘭

責任編輯　韓冬昇
書籍設計　黃詠詩
作者　奧斯曼・楊興本

出版　三聯書店（香港）有限公司
香港北角英皇道四九九號北角工業大廈二十樓
Joint Publishing (H.K.) Co., Ltd.
20/F., North Point Industrial Building,
499 King's Road, North Point, Hong Kong

香港發行　香港聯合書刊物流有限公司
香港新界大埔汀麗路三十六號三字樓

印刷　寶華數碼印刷有限公司
香港柴灣吉勝街四十五號四樓A室

版次　二〇二〇年四月香港第一版第一次印刷
二〇二五年一月香港第二版第一次印刷

規格　特十六開（150mm x 210mm）二六〇面

國際書號　ISBN 978-962-04-5554-4

感讚安拉

圓滿完成